DevaDé Keßlau

Liebe

Wegweiser der geistigen Welt

Für alle Wesen

in allen Welten

auf allen Ebenen

mit dem Wunsch

nach Kontakt.

DevaDé Keßlau

Liebe

Wegweiser der geistigen Welt

www.tredition.de

Impressum:

©DevaDé Keßlau, 2020
Bildquelle: ©DevaDé Keßlau, „Das 7/8-Herz"
Design Umschlag /
Autorenfoto: ©Martin Stockberg
Vorab-LeserIn: Sabine, Johanna, Renate, Michael

ISBN
978-3-347-12957-3 (Paperback)
978-3-347-12958-0 (Hardcover)
978-3-347-12959-7 (e-Book)

Verlag & Druck: tredition GmbH, Halenreie 40-44, 22359 Hamburg

Hinweis: Der Inhalt dieses Buches ersetzt nicht eine ärztliche, heilpraktische oder anderweitige therapeutische Beratung, Begleitung oder Behandlung.

Inhaltsverzeichnis

Vorwort / Einblicke in die Arbeit eines Mediums

1.   Gaia – Mutter Erde 9

2.   Wandler 13

3.   Frieden / 1 15

4.   Das Herz 17

5.   Werde aktiv 23

6.   Schnelle Zeiten 27

7.   Liebevolle Begleiter 29

8.   Seelenmutter 31

9.   Kontakt 33

10.   Hoffnung und Vertrauen 35

11.   Eigene Entscheidungen 39

12.   Jahreszeitliches Leben 41

13.   Immer an Eurer Seite 43

14.   Erdenwelt – Geistige Welt 45

15.   Lehren und Lernen 47

16.   Wir sind da 49

17.   Herzensqualität Mitgefühl 51

18.   Tägliche Ruhe und Einkehr 53

19.   Frieden / 2 55

20.   Göttlichkeit ist Herzlichkeit 57

21.   Aus- und Fortbildungsplatz für Seelen 59

22.   Zweifel 61

23.	Die andere Welt	63
24.	Der rechte Zeitpunkt	65
25.	Farbenvielfalt / Farbenheilung	67
26.	Mut	69
27.	Seelenengel	71
28.	Training	73
29.	Zeit für Veränderungen	77
30.	White Bear	79
31.	Miteinander	81
32.	Erreichbar im Vertrauen	85
33.	Der weiße Geist und seine Helfer	89
34.	Die Liebe einer Seele zu Gott	91
35.	Göttliche Kommunikation	95
36.	Schwingungen und Frequenzen	99
37.	Steine / 1	103
38.	Basis für Kontakt	107
39.	Schatten und Licht	109
40.	Jeder einzelne Tag	113
41.	Über das Leid und die Sonne	115
42.	Die Kunst	117
43.	Die kommenden Jahre	119
44.	Über die Weltenmutter	123
45.	Steine / 2	127

Vorwort / Einblicke in die Arbeit eines Mediums

Als die geistige Welt das erste Mal durch mich schrieb, fing ich selbst gerade erst an schreiben zu lernen.

Es passierte einfach so. Der Stift fing an, sich zu bewegen, und sie schrieben. Es war ungelenk und schnell, ohne viel abzusetzen. Die Seiten füllten sich rasch. Meine Hand schrieb auch dann noch, als ich aus dem Fenster zu schauen begann, weil mir langweilig wurde.

Das Schreiben wurde meine Passion – ich habe unzählige Hefte vollgeschrieben. Vieles schrieb ich, vieles schrieb die geistige Welt.

Je älter ich wurde, desto besser konnte ich entziffern und lesen, was durch mich geschrieben wurde – jedoch verstand ich es deshalb nicht besser.

Als Teenager kam die Malerei dazu. Ich war fasziniert von Ölfarben, von der Konsistenz, dem Duft, den Möglichkeiten.

Mittlerweile hatte ich verstanden, dass die meisten Menschen geistige Wesen weder sehen noch hören können und dass meine Welt der Wahrnehmung nicht sehr verbreitet zu sein schien.

Für einen Teenager ist so eine Erkenntnis nicht einfach zu ertragen.

Ich lernte zu verbergen, was ich sah und fühlte, hörte und wahrnahm, und dachte lange Zeit: Das geht irgendwann vorbei.

Es ging jedoch nicht vorbei.

Heute gehört die Meditation zu meinen täglichen Übungen. Trancen, die eine längere Vorbereitungszeit, einen längeren Weg haben, übe ich mehrmals in der Woche.

Heute begleite ich Menschen auf ihrem individuellen Weg und gebe mein Wissen und meine Erfahrungen sehr gern weiter.

Heute ist mir die Arbeit mit Geistführern vertraut, ja – sie erfüllt mich.

Ich liebe es, wenn wir im Kontakt sind, wenn sie mit mir malen oder mit mir schreiben, wenn sie durch mich sprechen. Freue mich, wenn ich in ihren Welten unterwegs sein darf, um mich zu erholen, Kraft zu tanken, die dortige Freude zu genießen.

Die geistige Welt ist eine so schöne Welt, jenseits der Worte, jenseits aller Beschreibungen – sie vermittelt mir ein Gefühl von ewiger Freude und ewigem Frieden.

Dennoch ist der Weg eines Mediums ein schwerer Weg. Das ist keine Beschwerde, sondern einfach eine Tatsache, die es auch zu erwähnen gilt.

Die ernsthaften Medien unserer Zeit sind ebenso diszipliniert wie heiter. Wir lachen lieber, als dass wir weinen, und wir geben niemals auf.

Dass dieses Buch nun in Ihren Händen liegt, erfüllt mich mit tiefer Demut und großem Dank.

DevaDé Keßlau / August 2020

1. Gaia – Mutter Erde

Als die Liebe auf die Erde kam und die Welt sich veränderte, gab es Euch nicht. Aber wir waren da. Wir waren viele und wir bereiteten die Erde für Euch vor. Die Erde ist ein Wesen, welches wir energetisiert und aufgebaut haben. Sie ist pure Liebe. Sie gibt freiwillig alles, was sie besitzt. Jede Pflanze, jedes Tier, jedes Gramm Staub. Es sollte friedlich sein, eine Koexistenz von Frieden und Gemeinschaft. Als wir die Erde verließen, war alles vorbereitet und gut.

Gaia hat gewartet und war vorbereitet, alles zu geben, um ihre Kinder zu nähren und gedeihen zu lassen. Die Demut und die Achtung, die Dankbarkeit der frühen Jahre sind Ausbeutung, Intoleranz, Habgier und Hass gewichen.

Ihr fordert immer mehr und gebt zu wenig zurück. Kein Frieden mehr.

Wir sind die Sonne und das Licht, die Liebe und der Frieden, wir sind ganz hier, ganz bei Euch. Öffnet Eure Herzen, damit wir verhindern können, was unausweichlich scheint.

Es ist genug mit Kriegen und Verletzungen, es ist genug mit Ausbeutung und Hass, es ist genug mit Zerstörung und Habgier.

Wir schicken Euch die Menschen, die mit uns kommunizieren können, wir schicken Euch Rat und Hilfe. Ihr werdet diese Menschen an ihrem Herzen und ihrer Liebe erkennen. Erwartungslos, frei und offen geben auch sie alles, was sie zu bieten haben. Demut und Respekt sind unsere Begleiter vor einer Schöpfung, die wir begleiten.

Wir sind immer da, seit Anbeginn der Zeit, und wir unterstützen alle Lebewesen auf der Erde. Die, die uns sehen oder fühlen oder hören, werden von Euch geschmäht oder angebetet. Beides ist falsch und dient nicht den Zwecken von Liebe und Frieden.

Medien sind Freunde und Wandler zwischen den Welten. Sie dienen erwartungslos, mit ganzem Herzen und ganzer Kraft. Sie gehören zum universellen Volk, einer Gruppe von Wesen, deren Aufgabe es ist, zwischen den Welten zu wandeln, zu kommunizieren und Botschaften hin- und herzutragen. Sie sind Boten des Lichts und der Liebe, aber sie sind nicht das Licht und die Liebe. Hütet Euch vor falschen Medien, die sagen, dass sie das Licht und die Liebe sind.

Ein Medium ist frei und offen in seinem Herzen. Es dient voller Hingabe der Liebe, dem Licht, der Heilung. Obwohl ganz menschlich ist es beseelt von einer tiefen Verantwortung für das Leben und für die Heilung von Gaia.

Nicht wenige Medien sind auf falsche Wege geraten. Die Verlockungen der Erde und die Kräfte aus unseren Welten sind oftmals zu stark. Das ist keine Schwäche, sondern oftmals nur ein natürlicher Prozess. Viele verlassen den Weg des Mediums dauerhaft, es gibt kein Zurück. Andere werden im Laufe des irdischen Lebens zu einem Medium, weil sie dienen und arbeiten und beseelt sind von Freude und Dankbarkeit, und weil sie spüren, dass Gaia ihre Hilfe und ihre Liebe braucht.

Wir suchen unsere Medien sorgfältig aus und oft prüfen wir sie über viele Jahre. Viele haben schwere Verluste erlitten, große Krankheiten, Verletzungen und Schmerzen, um dann zu dem Wesen zu reifen, das genug Stärke und Kraft aufgebaut hat, um zwischen den Welten zu wandeln, ohne dabei Schaden zu nehmen. Viele haben diesen Weg nicht gehen können, haben ihre physische und psychische Kraft und ihr Wohlergeben eingebüßt. Das bedauern wir sehr und wir schenken dort unsere ganze Liebe und Zuversicht.

Viele verfallen Drogen und Alkohol, Tabletten und anderen Süchten, um ihre Gefühle zu beherrschen. Auch das bedauern wir. Liebe ist die Antwort für die Arbeit mit uns und Vertrauen. Bedingungsloses Vertrauen.

Wir werden niemals etwas von Euch verlangen, das dem großen Ziel nicht dient, aber unsere Welt und Eure Welt sind verschieden. Was in unserer Welt notwendig und erforderlich ist, um ein Ziel zu erreichen, kann in Eurer Welt auch Schmerz und Verlust und Traurigkeit bringen. Dies ist aber nur ein vorübergehender Prozess und löst sich wieder auf in Vertrauen und Liebe.

Jeder Mensch, jedes Wesen, die nur einmal am Tag bewusst die Hände auf Gaia legen und Achtung, Respekt und Dankbarkeit senden, tragen zur Heilung und zur Freude bei.

Jeder Mensch, jedes Wesen, die nur einmal am Tag den Blick gen Himmel richten und Dankbarkeit und Freude zum Ausdruck bringen, machen es uns leichter, Euch zu helfen.

Jeder Mensch, der achtet und respektiert und in tiefer Dankbarkeit genießt, was Mutter Erde uns bereitwillig schenkt, gibt etwas zurück.

Achtet Mutter Gaia wie auch sie Euch achtet und nährt.

2. Wandler

Innerlich wird das Licht sich zeigen und auf die Wahrheit zusteuern. Das Licht ist die Heilungsquelle für uns alle. Es verfügt über ein eigenes Bewusstsein, jedes einzelne Lichtteilchen davon. Jedes Teil kann sich selbst bewegen, selbst Richtungen einschlagen, diese verändern und beeinflussen.

Heilung und Licht gehören immer zusammen. Es gibt keine Heilung in der Dunkelheit. Das Licht ist zentriert in unseren Herzen, aber auch außerhalb der Herzen. Wir können es an jeden beliebigen Punkt senden – im Innen und im Außen.

Die Mitglieder des universellen Volkes werden von uns beauftragt und ausgebildet, das Licht für uns zu senden. Die meisten würden sich vor uns fürchten, es nicht aushalten oder anderes. Unsere Wandler sind nicht immer leicht für Euch zu erkennen. Allen gemein ist eine tiefe Dankbarkeit und Liebe für das Göttliche und die Wahrheit und Sicherheit, dass sie dienen.

Hütet Euch vor egoistischen und geltungsbedürftigen Menschen. Sie werden nicht von uns betreut, nicht von uns ausgebildet, nicht von uns geschützt.

Die Hände von Wandlern sind warm und weich, zart und liebevoll. Schon in der ersten Berührung werdet Ihr merken, dass „etwas" anders ist. In ihrem Blick werdet Ihr die Liebe sehen, bewertungslos, achtungsvoll. Sie sind Botschafter der Liebe, die wir zu geben haben.

Höre auf Dein Herz und lasse Dich nicht täuschen.

Unsere Wandler handeln aus wahrer, tiefer Liebe für die Menschen, denen sie begegnen. Obwohl sie ganz menschlich sind, haben sie sehr lange Trainingswege hinter sich, um das Ego in Schach zu halten. Einige haben viele Leben gebraucht, um diesen Zustand zu erreichen. Einige fallen in diesen Zustand hinein. Immer aber ist die Basis pure Liebe und göttliche Essenz.

Unsere Wandler sprechen viele Sprachen – nicht nur verbal viele verschiedene Sprachen.

Unsere Energien sind sehr hoch, zu hoch für einen menschlichen Körper. Die Wandler durchlaufen intensive Transformationsprozesse, um diesen Hochenergien standhalten zu können und um mit ihnen später zu arbeiten. Viele schaffen diesen Weg nicht.

In der Weite des Universums gibt es Strukturen und Kräfte, die weit jenseits Eurer menschlichen Vorstellungskraft liegen. Nur wenige Wandler auf der Erde sind in der Lage, mit diesen sehr speziellen Kräften umzugehen und sie umzuwandeln.

In ihrer Herzlichkeit liegen die wahre Berufung und das wahre Erkennen von Wandlern. Sie sehen so aus wie Du und sind doch gänzlich anders.

Viele Tiere sind große Wandler, aber Ihr achtet sie nicht, verfolgt, foltert und drangsaliert diese armen Wesen. Das ist ihr Weg und so wird es weitergehen, aber wisset, dass wir diesen Umgang nicht gutheißen und für jeden Menschen dankbar sind, der erkennt, dass dieser Weg in die Irre führt und für keinen zu einem guten Ergebnis gereicht.

Das Arbeiten mit Lichtenergien kann die Wandler an die Grenzen ihrer menschlichen Kraft bringen. Gerade die Besten können davon betroffen sein. Umsorgt und achtet die Wandler. Sie sind Eure letzte Chance.

Aus den Tiefen der Sterne werden weitere Boschaftern kommen und Euch übermittelt werden. Für heute ist es genug.

3.   Frieden / 1

Frieden ist wichtig für alle Lebewesen. Frieden ist die Basis des Miteinanders. Ihr aber führt Kriege, innere und äußere, gegen Menschen und Tiere und Pflanzen, gegen die Erde.

Die Morde führen ins Nichts, sie führen niemals zum Frieden. Niemals zur Erlösung, niemals zur wirklichen Veränderung.

Es ist eine Sache, die es zu verstehen gilt: Nur im Frieden liegt das Heil.

Wir fühlen Euren Schmerz und Eure Verzweiflung und wir reden mit Euch und versuchen, die Wege zu verändern. Aber, wenn Ihr nicht hört, dann wird sich nichts ändern.

Die Wandler sind menschlich, das ist gut, aber für die Erreichung des Friedens auch nicht gut. Unsere Wandler können sterben. Daher bilden wir viele Wandler aus und die besten setzen wir in den Friedensmissionen ein. Frieden ist das allumfassende Ziel unserer Arbeit. Erst, wenn der Frieden da ist, werden wir das Ziel erreicht haben.

Menschliche Liebe kommt dem Frieden nahe, aber es ist nicht das gleiche wie unsere Vorstellung von Frieden. Unsere Vorstellung von Frieden ist ein Gefühl und ein Gedanke zugleich – es ist das tiefe innere Sein, die tiefe innere Ruhe, das Verständnis und das Gefühl von Einheit mit allem. Eins sein, innen sein, verbunden sein. Dann fühlt Ihr, was wir fühlen, dann fühlt Ihr alles gleichzeitig und alles hat seinen Platz und seinen Sinn.

Wenn Du fühlen könntest, was wir fühlen, würdest Du noch heute aufhören mit dem Kampf. Wenn Du fühlen könntest, was wir fühlen, würdest Du noch heute für Frieden sorgen.

Einheit und Verbundenheit sind das, was unser Ziel ist. Wir können wieder eins sein mit Dir und Euch. Uns miteinander entwickeln, große Ziele erreichen. Aufgehen in das ewige, friedvolle Sein, das Spiel beenden.

Niedertracht ist ein starkes Gefühl, eine starke Botschaft. Sie führt zum Hass und zur Ablehnung.

Kein Weg zu weit, um das Morden zu beenden, kein Weg zu weit, um Frieden zu schaffen. Unsere Botschaften sind immer und allgegenwärtig – Du kannst sie jederzeit sehen und hören und fühlen. Wenn Du Dein Herz öffnest und zuhörst, fühlst und wahrnimmst. Ihr seid umgeben von unseren Gedanken und Gefühlen, von unseren Hinweisen und Hilfen.

Schaffe Frieden in Dir und Deinem Bewusstsein, schaffe Frieden in Deinem menschlichen Körper, in Deinen Leben der Vergangenheit. Übe Dich im Vergeben und Verzeihen und stütze die, die alleine nicht weiter können. Sei barmherzig und folge Deinem Herzen.

Das Licht und die Helligkeit werden wir voraustragen. Die Liebe stellen wir bereitwillig zur Verfügung. Wir sind das Licht, nach dem Du Dich ausrichten kannst. Wir sind die Helligkeit in Deinem Dunkel. Wir sind Vater und Mutter zugleich.

Die Freude wird unermesslich sein, wenn Ihr den Weg des Friedens geht. Unermessliche Freude. Alle Tage voller Freude und ohne Leid sind keine Illusion, kein schlechter Traum.

4. Das Herz

So lausche denn den Worten der Seele, den Worten des Einen. So lausche denn mit weitem Herzen und offener Seele den Worten.

Das Herz ist nicht nur ein physisches Organ, nicht nur ein Muskel. Ein Hohlorgan, sagt die Medizin gerne. Es ist so viel mehr.

Das Herz ist die Verbindung, die Verbindung mit allem Göttlichen, mit allem Sein. Es ist das Zentrum des Universums. Im Herzen ist alles sichtbar. Alles.

In der heutigen Zeit werden Herzen mit Medikamenten beruhigt, wenn sich anders keine Ruhe mehr einstellen lässt.

Es wird operiert und verändert, therapiert und geregelt. Die heutigen Medikamente regeln, ja kontrollieren das Herz, und damit jede Emotion und jede Chance – auch auf Veränderung.

Ein freies Herz in einem freien Körper braucht keine Medikamente der heutigen Zeit. Das bedeutet jedoch nicht, dass Unterstützung nicht ab und an angebracht ist – jedoch nicht lebenslang, nicht dauerhaft.

So verliert Ihr den Kontakt zu Euren Körpern, zu Euren Herzen und – das hat fatale Folgen für Euch und Eure Seelen, für die Zeit, die Ihr auf Erden seid.

Es braucht immer und vor allem und ausschließlich Liebe.

Doch mit der Liebe ist das in der heutigen Zeit so eine Sache.

Die Liebe zwischen Menschen, zwischen Mensch und Tier, zwischen der Natur und den Menschen ist schwer gestört. Liebe ist immer bedingungslos, ist immer ohne Forderung, ohne Gegenleistung.

Und wie ist das heute?

Heute werden Menschen, die bedingungslos lieben, als Spinner verschrien, als Menschen, die nicht verstehen, dass nur in der Leistung und Gegenleistung das Wahre liegt.

Einen Menschen, der bedingungslos liebt und gibt, empfindet Ihr als befremdlich. Wenn es gut läuft, wird der Mensch verlacht, wenn es schlecht läuft, wird der Mensch ausgenutzt.

Die Liebe jedoch gibt immer und – erwartet nichts. Die wahre Liebe kommt von Gott und sie wird Dir einfach geschenkt. Einfach so.

Hast Du von Gott schon einmal eine Gegenleistung eingefordert bekommen? Stand Gott jemals vor Dir und hat gesagt – nun aber wird es Zeit für den Ausgleich? Sicher nicht.

Die Herzenergie ist so rein, so klar, so stark, sie kann alles verändern, alles transformieren, alles befinden.

Sie ist der Quell von allem. Sie ist der Stern in der Dunkelheit. Sie enthält das göttliche Atom.

Wir jedoch trauen uns nicht, bedingungslos zu lieben. Vielleicht noch unsere Kinder – wenn sie klein sind. Vielleicht auch ein Tier, wenn es sich wohl verhält. Sobald es aber Störungen gibt, da lieben wir nicht mehr bedingungslos, da stellen wir Forderungen oder wollen auch geliebt werden.

Das Herz ist nicht der Sitz der Liebe – darüber haben sich wohl zahlreiche Literaten schon das Wort zerbrochen. Der Sitz der Liebe ist in der göttlichen Sonne und sie wird freiwillig jedermann und jedem Tier und jedem Strauch und jedem Busch gewährt.

Selbst in der tiefsten Tiefsee gibt es die Sonne – wenn auch in anderer Form.

Selbst in den höchsten Höhen des Alls gibt es die Sonne, wenn auch in anderer Form, als wir uns das je vorstellen könnten.

Das Herz gedeiht in der Liebe und es stirbt in der Angst.

Das Herz erhellt sich in der Liebe und es wird dunkel in der Angst.

Und Angst ist das Thema Eurer Zeit.

Während mein Medium dieses hier schreibt, geht ein Virus um die Welt und alle fürchten sich. Und in der Furcht verdunkeln sich unsere Herzenergien und wir vergessen, was wirklich wichtig ist im Leben und worauf wir uns ausrichten sollten.

Das Herz braucht die göttliche Verbindung, es braucht den Kontakt, die Zuwendung. Was es nicht braucht, sind Angst und Furcht, Schrecken und Brutalität.

Wir wundern uns, wir sind erschüttert, wie viele von Euch jeglichen Herzkontakt verloren haben. Krimis werden zu tausenden geschrieben und – gelesen. Kriminalgeschichten werden täglich produziert und angesehen.

Kümmerst Du Dich jeden Tag um Dein Herz? Schaust Du, dass es in Liebe erhellt und gedeiht?

Oder überwältigt Dich das, was die Menschen mit ihrem freien Willen auf der Erde angestellt haben? Und bist Du zu einem Teil davon geworden?

Bitte erinnere Dich – Du bist Liebe, aus Liebe geboren, aus Liebe auf diesen Erdball gekommen, in Liebe wirst Du gehen.

Du glaubst das nicht? Dann versuche Dich zu erinnern, an die Zeit vor Deiner Zeit hier auf Erden. Versuche Dich zu erinnern, wie Du aufgehoben warst als reine klare Seele in der Liebe des einen Gottes.

In der Liebe der Sonne. Erinnere Dich, dass es Dir an nichts gemangelt hat und Du in Deiner ganzen Seele frei warst. Erinnere Dich, wer Du wirklich bist. Liebe ist Deine wahre Natur.

Wir sind oft sehr erschüttert über das, was Ihr mit Eurem freien Willen aus diesem wunderbaren Planeten Erde, unserem Schulungsplaneten, gemacht habt. Wir sind – obwohl wir nicht auf Erden sind – bisweilen verzweifelt über Eure Taten.

Und dennoch geben wir nicht auf und suchen nach Möglichkeiten, um mit Euch erstmalig oder wieder in den Kontakt zu kommen, um Euch zu erreichen und um Euch mitzuteilen: Es ist noch nicht zu spät.

Jedoch – es bleibt nicht mehr viel Zeit. Das ist klar. Und das muss auch Dir und Euch klar sein.

Die Herzverbindung jedoch ist immer in Dir, von Geburt an, und sie ist unzerstörbar. Absolut unzerstörbar. So hast Du jetzt und hier die Gelegenheit, Dich wieder zu erinnern und Dein Herz wieder zu spüren und es zu öffnen.

Höre auf, bei anderen die Schuld für Deinen Zustand zu suchen. Höre auf, auf andere zu schauen, wenn Du möchtest, dass es Dir besser geht. Dein Leben wird niemand leben. Und es liegt an Dir, das für Dich Beste daraus zu machen. Die Liebe ist der Einstieg.

Lege Angst und Zorn und Hass ab und vertraue darauf, dass in Deinem Herzen eine größere Macht lebt, als Du es Dir je vorstellen kannst.

Eine Macht, die alles übersteigt, was Du Dir in Deinem menschlichen Gehirn, mit Deiner menschlichen Zeit vorstellen kannst.

Der Zustand der Freude wohnt in Deinem Herzen.

Das Gefühl, ständig und immer geliebt und willkommen zu sein, wohnt in Deinem Herzen.

Mag es vielleicht auch verschüttet sein, es ist in Dir und Du kannst es wieder aktivieren.

Der erste Schritt ist die Entscheidung. Eine klare Entscheidung für das Leben, für die Liebe, für die Freude, die Harmonie. Fang´ bei Dir an und – erwarte nicht, dass es andere für Dich tun.

5. Werde aktiv

Es ist einfach, uns zu unterstützen.

Höret, sehet und fühlet.

Nehmt die Erde wahr als einen Platz, der dazu da ist, Euch zu nähren, zu schützen und Freude zu bereiten. Die vielen schönen Plätze, die die Erde Euch bietet – den Sand, die Wellen, die Berge, die Höhen, die Täler, die vielen verschiedenen Pflanzen und Tiere, das Himmelszelt, das Firmament, die Planeten.

So viele schöne Landschaften und Orte für Begegnungen.

Wir sind sicher, dass auch Du einen schönen Platz kennst, den Du magst und schätzt und den Du auf keinen Fall aufgeben möchtest. Erweitere Deinen Horizont und engagiere Dich über Deinen Lieblingsplatz hinaus für die Welt, für die Natur, für Mutter Erde.

Der Platz unter einem Baum ist wunderschön, aber ist es nicht noch schöner, wenn es viele Bäume gibt und gäbe, unter denen Menschen und Tiere einen Platz finden könnten?

Bäume sind tief verwurzelt, tief verbunden mit Gaia – unter einem Baum zu sitzen und ihn zu berühren, heilt das Herz, stärkt Deine Seele, verbindet Dich mit Mutter Erde.

Die Rodungen für Konsum müssen beendet werden. Sofort. Blinder Konsum bringt Dich Deinem Ziel nicht näher, sondern es entfernt Dich von Deiner Seele und entfernt Dich von der Natur und der Achtung für die Natur.

Achte und schütze das, was Dir Freude macht all überall. Hebe die Trennungen auf, die Du spürst. Es geht Dich etwas an, was nebenan geschieht. Es geht Dich etwas an, was um Dich herum geschieht, es geht Dich etwas an, was in fernen Landen passiert. Alles ist mit allem verbunden, alles ist eins, Du bist ein Teil des Ganzen.

Höre auf Dein Herz und folge Deinem Herzen. Überlasse Deinem Kopf die Aufgaben, die er gut und sicher erledigen kann. Das Potential Deines Herzens ist ungleich höher und überwindet leicht alle Grenzen.

Vertraue auf die Struktur der energetischen Versorgung. Es ist jederzeit und überall gut für Dich gesorgt. Alles dient Deinem Seelenprogramm. Das Wort „Programm" ist nicht wirklich passend, aber vielleicht das Wort, was Du gut verstehen kannst.

Sichere den Fortbestand, indem Du aktiv wirst, Dich engagierst und nicht nachlässt, Dich für Gaia einzubringen.

Dankbarkeit – Dankbarkeit ist eine wichtige Voraussetzung, um Veränderungsprozesse einzuleiten. Dankbarkeit für das, was Du bekommst von Mutter Erde. Einfach so – freigiebig. Es ist so leicht, Danke zu sagen und ein Dank von Herzen füllt Dein Herz nochmal viel mehr.

Das Ego hält Dich in Wirklichkeit klein, unscheinbar und am Boden. Ein großes Ego scheint nur groß zu sein, mächtig und dominant. Es ist aber das genaue Gegenteil der Fall. Je größer das Ego, je größer die Geltungssucht, desto weniger Führung hat diese Person durch uns. Es ist also recht leicht, das eine vom anderen zu unterscheiden.

Es gibt viele Wandler, die auch ein starkes Ego haben, aber sie sind im ständigen Ringen, um dieses Ego nicht groß werden zu lassen. Kein einfacher Weg. Aber für die Wandler ist es auch ein Teil ihres Seelen-Programms, das es zu lernen gilt. Die besten und größten Wandler sind oftmals besonders in Gefahr, das Ego nicht immer und jederzeit kontrollieren zu können. Zu verführerisch sind die Verlockungen aus unserer Welt für Eure Welt.

Zu groß sind die Verlockungen, sich zu brüsten mit Kontakten und Möglichkeiten, die Euch Ehrfurcht, Erstaunen oder noch mehr abfordern.

Nicht wenige Wandler sind vom rechten Weg abgekommen – das kann geschehen. Es ist nicht leicht. Dennoch vertrauen wir darauf, dass jeder Wandler seine Aufgaben übernimmt, unsere Botschaften und Aufgaben in Eure Welt hineinträgt und dafür sorgt, dass diese umgesetzt werden.

Die Worte eines Wandlers im Kontakt mit uns sind immer liebe- und achtungsvoll. Stärkend und berührend. Heilsam. Wenn Du einem echten Wandler begegnest, so wirst Du Dich danach berührt und gehalten fühlen.

Die Worte sind liebevoll und zart, achtungs- und respektvoll. Sie schicken Dich niemals auf einen Weg, aber sie sind bei Dir und – wenn es sein muss – so tragen sie Dich auch ein Stückchen. Aber nur ein Stückchen – wisse, dass ein echter Wandler Dich niemals tragen wird. Er wird immer versuchen, Deine Füße wieder in Kontakt mit dem Boden zu bringen, damit Du selbst die Kraft von Gaia spüren kannst, selbst wieder gehen kannst, selbst wieder Deinen Zielen folgen kannst.

6. Schnelle Zeiten

Die Irrungen dieser Welt sind beträchtlich und sie sind nicht einfach zu meistern. Egoismus und fehlende Disziplin bestimmen große Teile Eures Lebens.

Der schnelle Konsum wird dem steten Geben, dem steten Üben, der Kontinuität vorgezogen. Ein schneller Spaß, eine schnelle Freude sind sicherlich etwas zutiefst Menschliches, und wir akzeptieren das – wenn es uns auch fremd ist, weil wir die stete und immerwährende Freude anstreben und dieses Gefühl in ihr zu sein, viel mehr genießen.

Und das Glück – Ihr seht es oft nicht einmal dann, wenn es direkt Euch geschieht, direkt vor Euch ist, direkt bei Dir ist. Den Moment zu genießen, den Moment zu feiern, in diesem Moment zu leben und zu sein, das ist wahres Glück.

Es ist ein Unterschied, ob Ihr ein Auto kauft, um damit von einem Ort zum anderen zu gelangen, weil die Füße diese Entfernungen nicht schaffen, Züge zu langsam sind oder er einfach schwer zu erreichen ist. Es ist aber etwas ganz anderes, ein Auto zu kaufen, damit andere Euch zujubeln, Euch gar beneiden oder Ihr damit Euren Status nach außen tragt. Das ist Ego und klein.

Wir leben mit in Eurer Zeit – eine schnelle Zeit, die geprägt ist von starken und drastischen Veränderungen. Es ist Teil des Menschseins immerfort zu streben, aber strebt Ihr immer nach dem Richtigen? In der Verbindung zur Welt könntet Ihr Frieden finden. In der Verbindung zur Welt könntet Ihr das Heil finden.

Aber Ihr nehmt und fordert und beutet aus und das nur, weil Eure Herzen die Sprache der Erde nicht verstehen. Nicht mehr verstehen, vielleicht?

Manchmal fragen wir uns, was geschehen müsste, dass Ihr wieder versteht und Verbindung sucht. Manchmal fragen wir uns, wieso Ihr nicht das Streben im Inneren habt.

Das meiste lernen wir damit, mit und über unsere Wandler und am meisten von denen, die in steter Zwiesprache ihre menschliche Welt für uns erklären, auch mutig zu den Begrenzungen stehen – das ist nicht einfach, es kann starke Sehnsüchte erzeugen.

Wandler, die sich ihrer Seele und deren Weite und Größe bewusst sind, können in die Traurigkeit und Depression sinken, weil es anderswo so einfach scheint. Aber auch das ist ein Irrtum. Wir haben hart und viel dafür gearbeitet, heute an dem Punkt zu stehen, an dem wir stehen, und es ist nicht möglich, durch Verweigerungen oder Sehnsucht – generell durch eine Sucht – dahin zu gelangen, wo wir sind. Es gibt keine Abkürzung.

7. Liebevolle Begleiter

Unsere Wandler nutzen verschiedene Kanäle, um mit uns und Euch zu kommunizieren, weil wir festgestellt haben, dass Menschen unterschiedliche Wege bevorzugen. Nicht jeder ist von einem Bild oder einem Ton angesprochen, nicht jeder mag Worte oder diffuse Signale.

Heute sind immer mehr Wandler hier, die sich dem menschlichen Begreifen immer mehr annähern. Wandler sind öffentlich, haben Internetseiten, sind auffindbar – das ist für die meisten nicht einfach. Wir hoffen, dass dennoch immer mehr echte Wandler den Weg in die Öffentlichkeit suchen und finden, weil es so unglaublich viele Aufgaben gibt und die Menschen – heute mehr denn je – Unterstützung und Rat brauchen.

Wir möchten Dich wissen lassen, dass die meisten Wandler mit einem großen Talent auf die Welt kommen, es aber gilt, dieses zu entwickeln und stetig zu fördern. Nur ganz wenige kommen auf die Welt und sind vollständig vorbereitet auf den Weg zwischen den Welten. Die meisten müssen üben, üben, üben und sich täglich in der Praxis erproben.

Disziplin ist eine der größten Tugenden für einen Wandler, für ein Medium, gleich auf welche Art und Weise die Botschaften übertragen und weitergegeben werden.

In der Umsetzung von unserer Sprache und unseren Bildern auf Eure Welt liegt aber auch die größte Gefahr von Fehlinterpretationen und Fehlaussagen. Das muss kein Fehler des Mediums sein – manchmal muss ein Medium noch weiter und länger üben, um ein guter „Übersetzer", eine gute „Übersetzerin" zu sein. Manchmal ist das Ego dazwischen oder gar die Ratio. So kann es zu Fehlübertragungen kommen. Auch sind unsere Botschaften oft schneller und tiefgreifender – so können Teile (auch wichtige) mal verloren gehen in der Wandlung.

Ein echtes Medium wird Dir das nie verheimlichen und Dir mitteilen, dass dies geschehen kann. Manches Mal hängt es auch von der Kraft und der Ruhe des Mediums an diesem einen Tag ab – Du wirst das kennen, nicht jeder Tag ist gleich. Was Du heute mit Leichtigkeit schaffst, ermüdet Dich am nächsten Tag. Was Du heute noch in Erinnerung hast, kann morgen schon teilweise verloren sein.

Wir bitten Dich daher um liebevolle Fürsorge für unsere Medien. Sie alle haben sich für einen schweren Weg entschieden, der oft genug mit vielen menschlichen Entbehrungen einhergeht. Daher freuen wir uns immer sehr, wenn unsere Wandler liebevolle und nette Begleitung auf der Erde haben.

8. Seelenmutter

Heilung ist immer ein energetisches Thema und wenig bis gar kein körperliches. Heilung geschieht durch Karma-Ablösung, Lernen, Erkenntnis und Vertrauen.

Die rein körperliche Betrachtung einer Struktur dient nicht der Heilung. Wir erkennen an, dass die Körperlichkeit für Euch Menschen sehr wichtig ist, und versuchen, diese zu achten, versuchen Euren Wunsch nach Heilung zu respektieren. Aber manchmal ist das nicht die zentrale Herausforderung in einem Menschenleben. Manchmal ist Heilung nicht der Weg in diesem Leben.

Heilung geschieht durch echte, tiefe Erkenntnis und Vertrauen. Sogar in der körperlichen Krankheit kann eine Heilung liegen. Wenn der Mensch über das Körperliche hinaus transformiert und seine Energien benutzt, um jenseits der Körperlichkeit das Lebensziel zu erreichen.

Wir sehen mit Sorge, dass vielen von Euch Eure Körper wichtiger sind als alles andere. Das ist der falsche Weg. Wir anerkennen und unterstützen die Sorgfalt, die Pflege für Euren Körper und wir anerkennen, dass die Wichtigkeiten verschieden verteilt sind. Nur auf das Körperliche aber hinaus zu zielen, verschwendet Deine Energie und lässt Dir keinen Raum mehr für göttliche Ziele.

Wenn körperliche Heilung geschieht, so gehen dem immer ein Erkenntnisprozess, ein Vertrauensprozess voraus. Und es gehen dem Liebe und Sorgfalt für den Körper voraus. Oftmals wisst Ihr nicht, was dem Körper gut tut und was nicht. Es ist auch in diesen Zeiten nicht immer leicht, das eine vom anderen zu unterscheiden, und oftmals gehört auch das Erfahren und Erlernen von körperlichen Unzulänglichkeiten mit zum großen Seelenprogramm.

Wir senden Euch gute Ärzte, gute Heiler und kommen damit Eurem Wunsch nach körperlicher Unversehrtheit nach. Noch wichtiger aber ist uns, die Seelenebenen zu komplettieren, damit wahres Wachstum geschehen kann.

Wahres Wachstum ist eine Weiterentwicklung, eine Fortentwicklung, die auch im nächsten Leben von tiefem Bestand ist. Das Streben nach einer Struktur, die erst im kommenden Leben oder in kommenden Leben sichtbar oder erkennbar ist, in dem Du in diesem Leben möglicherweise nicht die Früchte Deines Tuns erhältst, ist kein einfacher Weg. Für uns aber gibt es auch zwischen den einzelnen Leben keine Trennung. Es ist alles die gleiche Seelenmutter, die verschiedene menschliche Leben durchlebt und dort ihre Erfahrungen macht.

Die Seelenmutter lernt, wird ausgebildet, durchläuft alle Prozesse des menschlichen Lebens, um dann eines Tages den menschlichen Kreislauf vollständig zu verlassen und in unserer Welt weitere Lernaufgaben zu übernehmen.

9. Kontakt

Durch die Einflüsse des Menschen gibt es große Herausforderungen in der Natur. Sehr komplexe natürliche Rhythmen sind durcheinandergeraten, werden weiterhin durcheinander gebracht. Manches Mal aus Unwissenheit, aber oft aus Profitgier und Gewinnabsichten. Ohne Natur könnt Ihr nicht leben, Eure Nahrung erhalten, das Leben leben. Wir sind überrascht, mit welcher Ignoranz und Unbarmherzigkeit Ihr agiert und wie kurzfristig Eure Handlungen oft sind. Manches Mal nur für Minuten der Befriedigung.

Schaut in Eure Herzen, bevor Ihr Entscheidungen trefft. Schaut in Euer Herz, bevor Ihr etwas tut, was sich gegen die Natur richtet. Natur gibt solange, bis sie nicht mehr kann. Im Kontakt zur Erde liegen Freude, Frieden und Heilung. In der Distanz zur Erde liegen Krieg, Verzweiflung und Hoffnungslosigkeit.

Mach´ Du den ersten Schritt, warte nicht auf die anderen. Es liegt in Deiner Hand. Veränderung liegt in Deiner Hand. Sei nicht blind, wenn auch andere blind sind. Sei nicht taub, wenn auch andere taub sind, sei nicht stumm, wenn auch andere stumm sind. Erhebe Dein Wort, erhebe Dein Herz für Gaia. Erhebe Deine Liebe und Dein Herz für Gaia.

Mit jeder Deiner Entscheidungen trägst Du mit die Verantwortung für das, was geschieht. Verzage nicht, wenn die Aufgaben groß und unlösbar erscheinen. Du bist ein Teil des Ganzen, musst nicht das Ganze alleine lösen.

Koexistenz ist das, was angestrebt werden sollte, nicht Ausbeutung und Machtmissbrauch. Der blinde Konsum und die vermeintlich damit ausgelösten Freuden verschleiern oft die tiefe Sehnsucht nach Verbundenheit und Einheit. Im Außen erreichte vermeintliche Freude scheint die Basis für Zufriedenheit zu sein. Aber wenn Ihr in Eure Herzen schaut, so wisst Ihr, dass das nicht stimmt. Das Außen kann gehen und zurück bleibt eine leere Hülle.

Wir anerkennen Eure Sehnsucht nach schönen Dingen, dennoch sollte das nur ein Teil des Lebens sein und auch die Gier danach solltet Ihr zügeln. Jeder Tag bietet die Gelegenheit für neue Entscheidungen, gleich ob es Essen und Trinken, Wohnen und Kleidung, Beruf und Berufung betrifft.

Am Ende des Lebens geht es nur um Deine Taten, Deine Entscheidungen, Dein Leben und nicht darum, wie es andere gemacht haben, wie andere sich entschieden haben. Wir begleiten Dich das ganze Leben und es wäre einfach, uns zu fragen, wenn Du unsicher bist oder versuchst, neue Wege zu gehen, damit Du eine andere Entscheidung treffen kannst. Aber Ihr schweigt, fragt nicht, hört nicht zu – das bedauern wir sehr.

Wir können Dir nur dann helfen, wenn Du uns gestattest, Dir zu helfen, Dich zu unterstützen, Dir Botschaften zu übersenden. Wenn Du Dein Herz nicht öffnest, haben wir wenig Möglichkeiten, in Kontakt mit Dir zu treten.

Wir aber möchten mit Dir in Kontakt treten, möchten Dein Herz berühren, möchten mit Dir gehen und Deine und unsere Weisheit vereinen.

10. Hoffnung und Vertrauen

Innerhalb der gesetzten Grenzen werden wir immer für Euch da sein, aber es ist wichtig, dass Ihr Eure Entscheidungen trefft und danach lebt. Wir können helfen, unterstützen, beraten, aber wir können nicht Eure Wege und auch nicht für Euch gehen.

Je näher Dein Weg und unser Weg zusammenkommen, desto mehr Unterstützung wirst Du erfahren, desto mehr Begleitung wirst Du spüren, desto mehr Erkenntnisse wirst Du bekommen. Es ist unser Bestreben, Dich zu unterstützen und wahrlich zu begleiten, es ist unsere Freude, mit Dir zu gehen, aber wir möchten Dich wissen lassen, dass Du es bist, der die Wegentscheidung trifft. Es gibt auch Wege, auf denen wir Dich nicht begleiten können.

Sicherlich werden wir versuchen, Dich wissen zu lassen, welcher Weg einer der richtigen sein könnte, aber wenn wir Dich nicht erreichen, so erreichen wir Dich nicht. Das sind unsere Grenzen. Du bist bei Dir und wir mit Dir, aber wenn Du uns ablehnst, verleugnest oder Dich anderweitig von uns trennst und distanzierst, dann sind uns Grenzen gesetzt, obwohl wir grenzenlos agieren könnten.

Es sind diese Momente von besonderer Nähe und Vertrauen, die wir sehr zu schätzen wissen. Wir freuen uns, wenn Du mit uns sprichst, uns teilhaben lässt, ja wir schätzen es sogar, wenn Du uns um Rat fragst, gibt es uns doch die Chance, mit Dir in Kontakt zu treten.

Leider sind viele von Euch getrennt oder haben sich trennen lassen. Es gibt starke Bewegungen auf der Erde, die Menschen von ihrer Natur zu trennen. Das macht es für Machthaber einfacher, Euch zu regieren. Wenn Du nicht im Kontakt mit Dir oder der Welt bist, dann bist Du nur leicht verwurzelt oder auch gar nicht verwurzelt und kannst zum Spielball der Mächtigen werden.

Es gibt viele Spielbälle auf der Erde und viele, die Macht anstreben. Beides ist für Gaia nicht förderlich, beides führt nicht zum Ziel.

Zum Ziel führen Erkenntnis und Einsicht, achtungsvolle Demut und liebevolle Hingabe für die Schätze der Natur, ihre Weisheit und ihre Fähigkeit, zu geben und zu teilen.

Es ist immer wieder neu für uns zu erleben, wie achtlos und gedankenlos Ihr Euch verhaltet, wie sehr Ihr in der Trennung seid und dort verharrt.

Wir sind unermüdlich darin, Begleiter für Lebenswege zu suchen, auszubilden und auf den Weg zu senden. Auf der Erde werdet Ihr Menschen treffen und menschenähnliche Wesen. Beide können unsere direkte Ausbildung und unsere direkte Begleitung haben. Menschenähnliche Wesen sind tief verbunden mit uns. Menschlich bis zur letzten Zelle und doch tief verbunden mit uns. Eine wunderbare Kombination von beiden Welten. Viele Wandler sind so, aber nicht alle. Es müssen auch nicht alle sein – jeder kann sich nach seiner Kraft und Stärke engagieren und seine Aufgaben übernehmen.

Auch Menschen, die wir intensiv ausbilden und begleiten, sind nicht frei von menschlichen Fehlern und Schwächen. Dass Ihr das immer wieder annehmt und versucht, diese Menschen zu testen, verstehen wir. Es ist Teil Eurer menschlichen Natur, misstrauisch zu sein. Eine Eigenschaft, die unter Menschen durchaus hilfreich zu sein scheint.

Lasst Euch aber nicht täuschen. Auch Wandler können krank werden und natürlich verlassen sie eines Tages die Erde, um in unserer Welt weiter zu wachsen und sich auf die neuen Aufgaben vorzubereiten.

Auch Wandler können schwere Zeit erleben – das liegt in ihrer menschlichen Natur. Diese Natur in all seinen Facetten zu erleben ist Teil der Ausbildung, Teil des Erfahrungs- und Erkenntnisprozesses.

Und nicht wenige leiden immer mal wieder darunter, geraten in Verzweiflung, weil es manches Mal so gar nicht leichter zu werden scheint.

All das wissen wir, all das ist uns bekannt. Wir fühlen alles, was Du fühlst, wir wissen alles, was Du weißt, wir anerkennen alles, was Du leistest und bereit bist, zu geben. Und wir spenden Hoffnung und Zuversicht, wann immer Du danach fragst, wann immer Du danach dürstest.

Hoffnung und Vertrauen sind die Basis.

11. Eigene Entscheidungen

Es ist unser Bestreben, dafür zu sorgen, dass die Erde gebend und stabil bleiben kann und Ihr gleichzeitig keine weiteren ausbeuterischen Versuche und Maßnahmen ergreift. Es ist nicht redlich, freiwillig Gegebenes zu missachten und immer mehr und mehr zu fordern. Es ist nicht rechtens, Freiwilligkeit auszubeuten.

Ausbeutung ist niemals rechtens.

Ausbeuter sind ebenso machthungrig wie getrennt von der sie nährenden Energie. Sie sind im Inneren tief verletzt und boshaft.

Nur wer in der Trennung lebt, kann ohne Mitgefühl und ohne Empathie agieren und der Umwelt, den Menschen und den Tieren Schaden zufügen.

Wir sind gekommen, um den Schaden zu reduzieren; gerne würden wir den Schaden ganz abwenden, aber das geht nur, wenn sich viele von Euch bereit erklären und mithelfen. Es ist nichts, was ein Einzelner oder eine kleinere Gruppe schaffen kann.

Achtung und Respekt sind die Basis. Es ist Deine Verantwortung, was mit der Erde geschieht; diese Verantwortung kannst Du nicht abgeben, kannst es nicht anderen zuschieben. Für Deinen Kosmos trägst nur Du die Verantwortung. Du allein entscheidest, was Du in Dein Leben lässt. Du entscheidest, welche Waren Du kaufst und wie Du mit ihnen umgehst. Niemand anderer als Du ist dafür verantwortlich.

Im äußeren Streben nach Macht liegen tiefe Einsamkeit und tiefe Frustration. Die Leere bleibt, sie füllt sich nicht.

Es gibt Menschen auf dieser Erde, die wir mit Macht ausstatten, aber es ist keine Macht des Geldes oder des Konsums, sondern es ist die ganze Macht der Liebe. Erwartungslose, hingebungsvolle, reine Liebe. Schwer für Euch Menschen, leicht für uns.

In reiner Liebe kannst Du baden wie in einem See. Ein leichter, angenehmer kühler See an einem warmen Tag. Eine sanfte Erfrischung, eine ruhige, kraftvolle Zeit, ein tiefes Empfinden nach Zufriedenheit und Klarheit.

Wir sind Natur und gleichzeitig anders als die Natur. Wir sind anders und doch gleich. Tiefes Vertrauen ist die Basis.

Jede Entscheidung ist Deine Entscheidung und alles liegt somit auch in Deiner Hand. Dein Herz ist nur ein Gefühl von Dir entfernt, es ist ganz nah, ganz da. Es wartet auf Dich und Deine Liebe.

Sicherlich erkennen wir die Unstimmigkeiten in Deiner menschlichen Natur und unserer göttlichen Vorstellung. Doch das ändert nichts daran, dass Du Deine Entscheidungen triffst und wir Dich nur darin unterstützen können, die rechte Wahl zu treffen.

12. Jahreszeitliches Leben

Es ist ein Leben mit den Jahreszeiten, welches wir bevorzugen. Das Leben in und mit der Natur führt zu einer tiefen Balance, zu tiefer Ausgeglichenheit. Es beruhigt das System und schärft die Sinne.

Ein jahreszeitliches Leben hat viele Vorteile. Es bringt – wieder – Rhythmus in Euer Leben, was so unendlich wichtig ist. Rhythmus ist wichtig und steht an erster Stelle eines gesunden und balancierten Lebens. Wie sehen Eure Rhythmen aus?

Ein Wecker bestimmt das Aufwachen. Nicht die Sonne, nicht der Mond, sondern ein Wecker. Und oftmals zu Zeiten, an denen Euer Körper noch nicht oder nicht mehr aufstehen würde. Ihr seid aus dem Takt, aus dem Rhythmus und damit aus dem Gefühl.

In tiefen Gefühlen liegen viel Weisheit und Klarheit. Wenn Du fühlst, was die Erde, der Baum, das Tier fühlen, dann wirst Du von ganz alleine andere Entscheidungen treffen als die, die Du heute triffst. Du wirst Respekt und Achtung bekommen oder wieder bekommen.

Natur ist natürlich und natürlich ist das, was unser Körper benötigt. Damit möchten wir nicht den Fortschritt missachten, den Ihr leistet und der auch Teil Eures Menschseins ist, aber der Kopf darf nicht alles bestimmen, das Hirn und die Ratio nicht die Basis Eures Lebens sein.

Die Lebensbasis ist die Natur mit all ihren Rhythmen, mit all ihren Bewegungen, mit ihren Jahreszeiten, ihrem Auf und Ab. Das ist natürlich.

Ihr aber strebt danach, immer gleich zu sein. Jeder Tag soll idealerweise gleich sein, Ihr möchtet Euch an jedem Tag gleich gut oder gleich stark oder gleich leistungsfähig fühlen. Sinnvoll ist das nicht. Sinnvoll ist, mit der Natur zu gehen und zu lauschen.

Zu gehen, wenn sie geht, stehenzubleiben, wenn sie stehenbleibt, voranzulaufen, wenn sie läuft – das ist natürlich, das ist gesund.

Aber wo sind Eure Rhythmen? Sie werden gemacht von Computern, Licht, vielen sinnbefreiten Aktivitäten. Wie würde es Dir gehen, wenn Du heute nicht mehr shoppen gehen könntest, wenn Du heute keine Süßigkeiten mehr essen könntest, wenn Du heute nicht mehr Fernsehen schaust? Wen würdest Du in Deinem Inneren treffen? Und wie würde Dein Inneres sein?

Würde es jubeln ohne diese fremden Rhythmen? Was würdest Du fühlen? Ihr seid so weit entfernt von dem, was für uns natürlich und wahr und freudvoll ist.

Das betrübt uns sehr. Wir anerkennen das, was Ihr Fortschritt nennt und es ist gut, dass Ihr fortschreitet, aber warum schreitet Ihr ohne Respekt vor der Basis fort?

Für den natürlichen Rhythmus gibt es keinen Ersatz; nichts kann den Duft von Blumen ersetzen, nichts die Energie des Waldes, nichts die feinsinnige Wahrnehmung, über die die meisten Tiere verfügen.

13. Immer an Eurer Seite

Es ist uns ein Bedürfnis, Euch mitzuteilen, dass wir immer an Eurer Seite sind.

An Eurer Seite zu sein, bedeutet aber nicht, dass Ihr Euch immer glücklich fühlt oder immer gesund seid, oder immer heiter seid.

Die Erde ist ein Lernprogramm für Seelen, ganze Seelenfamilien. Wir sind Eure Ratgeber, Unterstützer, Förderer und Forderer.

Die Erde ist „nur" eines der Trainingsprogramme, die eine Seele durchläuft.

Seid sicher, dass wir alles, was Ihr erlebt, auch erlebt haben, alles was Ihr fühlt, auch fühlen, alles was Ihr seht, auch sehen. Weil wir alles selbst kennen, können wir Euch so gut unterstützen – nichts ist uns fremd, auch nicht das Zweifeln, das Scheitern, die Dunkelheit und die Traurigkeit.

Wir sind das Licht und die Liebe, wir sind Sonne und Mond zugleich, wir sind die Basis Eures Vertrauens, wir sind die Basis von Liebe und Zuwendung.

Wir sind im Inneren von allem. Wir sind in Dir und in Euch und in jeder Struktur dieser Erde. Es gibt nichts von uns Unbelebtes, nichts, wo wir nicht drin wirken. Nicht überall sind Seelen, aber wir sind überall.

Manches ist nur Energie und nicht beseelt; das ist nicht Schlechtes, es ist nur einfach so.

Zeit und Raum sind nicht die Dimensionen, in denen wir existieren. Wir existieren in der Unendlichkeit, im steten Fortschreiten, im steten Lernen, im steten Sein, im tiefen Vertrauen, in tiefer Liebe, im Sein in allem.

Eigentlich ist es sehr leicht für Euch, uns zu erkennen. Wir tragen die Liebe voraus – die wahre, reine, schöne Liebe. Wann immer Du pure Liebe spürst, sind wir Dir ganz nah. Wann immer Du die Liebe in Dein Leben lässt, sind wir Dir ganz nah.

Wann immer Du Hass und Zorn und Wut säst, ziehen wir uns zurück. Wir geben nicht auf, Dich zurückzugewinnen für die Liebe, aber wir können mit Zorn, Hass, Gier und an schlimmen Tagen nicht ruhig neben Dir stehen und zusehen.

14. Erdenwelt – Geistige Welt

Es ist nicht immer so, dass wir uns jederzeit um alles kümmern oder kümmern möchten. Ihr seid Menschen, wir sind Wesen der geistigen Welt. Unsere Interessen sind daher durchaus verschieden – das respektieren wir. Dennoch ist auch das Erdenleben mit Euch oder die Begleitung Eures Erdenlebens für uns ein Lernprogramm, an dem wir wachsen und stärker werden.

Auch wir dürfen viele Dinge lernen, auch wir machen Erfahrungen, auch wir entwickeln uns. Es ist nicht so, dass alle Wesen der geistigen Welt auf dem gleichen Niveau ihrer Entwicklung sind. Wir sind verschieden.

Einige von uns waren auf der Erde, viele Inkarnationen lang, und durften lernen, um nun – aus der geistigen Welt heraus – aktuell auf der Erde lebende Menschen zu unterstützen. Sie sind besonders verständige geistige Führer, weil sie alles aus ihren eigenen Inkarnationen kennen oder zumindest sehr vieles aus eigenen Inkarnationen kennen. Wenig ist ihnen fremd.

Andererseits gibt es in der geistigen Welt Wesen, die noch nicht auf der Erde inkarniert waren, denen dieser Weg aber bevorsteht. Oftmals nehmen wir diese Wesen als Assistenten mit auf einen Weg der geistigen Welt, bevor diese Wesen inkarnieren. Oftmals haben sie einen besonders guten Kontakt zu uns, weil sie uns noch vor kurzem sehr nahe standen.

Es gibt aber auch Wesen in der geistigen Welt, die noch niemals auf der Erde inkarniert waren und deren Weg es auch nicht ist, durch Erdeninkarnationen zu gehen. Sie haben einen Entwicklungszustand, der jenseits der Erdenlernprogramme ist. Sie unterstützen die Menschen, die auf Erden wirklich etwas bewegen können oder danach streben, wirklich etwas zu verändern. Oftmals sind diese Menschen von tiefer Weisheit durchdrungen; manche können diese äußern, andere haben Angst vor den Visionen oder den Hinweisen und Aufgaben.

Wir sind geduldig, was die Erledigung von Aufgaben angeht. Wir wissen, dass es nicht leicht für Euch ist, ein Erdenleben zu führen und gleichzeitig mit den Wünschen der geistigen Welt zurecht zu kommen. Wir wissen auch, dass es manches Mal unmöglich zu sein scheint oder der Vertrauensvorsprung zu groß zu sein scheint, als dass Ihr nachfolgen könntet oder möchtet.

Wir wissen um die Verlockungen der Erdenwelt. Vieles scheint so viel interessanter und näher zu sein, als mit uns zu arbeiten, mit uns zu sein.

Wir gehen immer den Weg der Liebe und der Freude, niemals den Weg von Hass oder Zorn, Krieg oder Verbrechen. Unser Weg ist friedvoll und hell.

Es ist unser Ziel, mit Dir zu sein und mit und von Dir zu lernen, aber wir bitten um Gegenseitigkeit. Wir bitten Dich darum. Mit uns zu sein, darf keine Einbahnstraße sein, auf die Du zugreifst, wenn es Dir nicht gut geht oder wenn etwas auf der Erde nicht so läuft, wie Du es Dir vorstellst oder wünschst. Wir verstehen das, aber wir möchten immer mit Dir sein. Immer.

15. Lehren und Lernen

Immerhin sind viele Lande vergangen, seit wir hier waren. Aber das ändert nichts an unserer Nähe zu Euch. Es fühlt sich immer noch gut an, hier und mit Euch zu sein, auch wenn lange Zeiten vergangen sind.

Innerhalb der Strukturen verändert sich nicht so viel, das scheint nur so, aber es sind viele Änderungen im Außen.

Wir sind gekommen, um zu lehren und zu wissen und zum Lenken. Das Lehren steht für uns an erster Stelle, das Lernen sollte an Eurer ersten Stelle stehen.

Wir können nur anbieten und wir bieten viel, wenn Ihr es wollt. Es ist nicht immer einfach, mit uns zu lernen, weil unsere Welten verschieden sind. Dennoch ermutigen wir Dich jeden Tag, von und mit uns zu lernen.

Innerhalb gewöhnlicher Tage und Nächte denken wir nicht, Zeit und Raum haben für uns zwar eine Bedeutung, aber keine, die in Euren Vorstellungen zu finden wäre. Zeitliche Begrenzungen der Erdenwelt sind zu fremd.

Durch jahrelanges Studium unserer Erfahrungen und unseres Wissens bilden wir die Wandler aus, die dann wiederum als direkter Kontakt zwischen uns und der Erde aktiv sind. Wandler wiederum werden auch immer weiter aus- und fortgebildet. Natürlich immer auch durch uns, aber auch durch Wandler, die auf der Erde leben und menschlich sind.

16. Wir sind da

Es scheint nur so, als ob wir nicht immer da wären. Aber wir sind immer da, immer an Eurer Seite, immer mit guten Gedanken und Gefühlen bei Euch.

Tatsächlich sind wir Euch näher als Ihr Euch selbst, denn wir wissen um Eure Seelenpläne, wissen um Eure Schmerzen, Eure Verluste und Eure Freude. Wir sind die, die wirklich wissen.

Im Kontakt mit uns könnt Ihr Euch kennenlernen, mit uns arbeiten, von uns lernen, mit uns sein. Wir bieten Euch unsere Unterstützung an und hoffen auf den Kontakt mit Euch. Wir tun täglich viel, um mit Euch in Kontakt zu treten, unablässlich senden wir, aber die meisten von Euch empfangen nicht, weil sie nicht auf „Empfang" mit uns eingestellt sind.

Das macht uns traurig, betrübt uns sogar. Wenn wir auch wissen, dass alles seine Zeit und alles seinen Rhythmus hat, und dies ist nun eine Zeit und ein Rhythmus, die darauf abzielen, Euch zu entwurzeln, Euch zu entfernen von Euren Grundbedürfnissen, von Euren Seelenaufgaben.

Seelenaufgaben zeigen sich nicht im Kontakt mit bizarren elektronischen Medien, Seelenaufgaben zeigen sich im Kontakt mit uns.

Die menschlichen Medien dieser Welt können uns sehen, hören, mit uns Kontakt aufnehmen, uns fühlen, mit uns kommunizieren. Einige von ihnen können mit den Wesenheiten kommunizieren, die bei anderen sind, einige mit Wesenheiten, die bei ihnen sind. Ganz wenige können mit allen kommunizieren, alle wahrnehmen.

Das ist kein einfaches Leben, weil es diesen Menschen außerordentlich viel abverlangt.

In der Liebe öffnen sich die Welten, in der Liebe öffnen sich die Strukturen. In der Liebe zeigt sich die Grundenergie des Göttlichen.

Und gleichzeitig scheint alles möglich, aber in Wirklichkeit ist doch vieles gar nicht mehr möglich. Die elektronischen Medien gaukeln Euch vor, mit der Welt verbunden zu sein, aber Ihr entfernt Euch tatsächlich immer mehr von Euch selbst, immer mehr vom Inneren.

Die wahre Verbundenheit, der wahre Frieden, die wahre Liebe sind in Euch, und in Euch sind sie auch nur zu suchen.

Es befremdet uns, dass Ihr das Glück, die Liebe und die Freude so oft versucht im Außen zu finden. Das Glück Eures Herzens scheint keinen sehr hohen Stellenwert bei Euch zu haben, aber sehr wohl das neue Haus, das neue Auto, die neue Kleidung.

Und dabei merkt Ihr nicht, wie Euer Herz dürstet nach Kontakt, nach Nähe, nach Kontakt und Nähe – auch – mit uns.

Hier schreiben viele und es nährt Eure Herzen. Das ist wichtig – das Herz zu nähren. Das Herz zum Fließen zu bringen. Das organische Herz profitiert von diesen Energien.

Alles fließt Euch zu, Ihr braucht nur die Hände aufzuhalten und es zu nehmen. Alles ist in und um Euch herum, Ihr braucht nur die Hände zu öffnen und es anzunehmen.

Wir sind das Licht und die Liebe und die Heilung für Euch. Wir sind da.

17. Herzensqualität Mitgefühl

Tatsächlich geht es nicht um Fortschritt und Wissenschaft, nicht um mehr und Detailliertes. Tatsächlich geht es um die Ausbildung der Herzqualitäten, wobei es sehr verschiedene Herzqualitäten gibt. Heute möchten wir über die Herzqualität des Mitgefühls schreiben.

Mitgefühl ist ein für uns zentrales Gefühl, eine zentrale Botschaft. Aus tiefstem Herzen mitfühlen und dadurch die eigenen Handlungen und Wege bestimmen lassen, ist für uns ein wichtiges Thema.

Das Mitgefühl ist erreichbar über eine tiefe Herz- und Innenschau, die nicht abgelenkt ist von äußeren Prozessen und Strukturen.

Mitgefühl ist der Leitstrahl auf dem ihr Menschen gehen und wandern solltet. Mitgefühl ist die Motivation für ein harmonisches Miteinander. Wir sind alle eins, es macht auch aus diesem Grunde Sinn, miteinander zu fühlen. Wenn Ihr nicht mitfühlt, fehlt Euch ein Teil Eures Selbst und Ihr werdet nicht die Weisheit des Lebens, der Seele, der Energie erfahren.

Mitgefühl ist ein Teil Deiner und Eurer Selbst. Mit wenig Mitgefühl ist es so, als würde Dir ein Teil von Deinem Selbst fehlen. Du beraubst Dich, wenn Du das Mitgefühl nicht immer wieder und wieder einübst, eines Teils Deiner Seele, Deiner Seelenkraft.

Über die Dimensionen des Mitgefühls zu schreiben, ist fast unmöglich, es ist eine Erfahrbarkeit in ihr, die mit Worten nicht zugänglich ist. Mitgefühl ist die Basis Deiner Handlungen, sollte die Basis all Deiner Handlungen und Wege sein. Nur dann ist Frieden wirklich – auch auf Erden – möglich.

Wenn Du im Mitgefühl handelst, wird sich Deine Seele dem Göttlichen weiter öffnen und – in heutigen Zeiten – wieder mehr mit dem Göttlichen verbunden fühlen.

Wir haben den Eindruck, dass Mitgefühl oft aus Angst nicht gelebt oder geübt wird. Gefühle sind in dieser Welt nicht im Vordergrund und wenn, dann nur, um sie schnell wieder vom Kopf kontrollieren zu lassen.

Viele Störungen der heutigen modernen Zeit sind darauf zurückzuführen, dass Gefühle nicht sein dürfen, nicht gelebt und erlebt werden, keinen Raum und keinen Rahmen haben. Im Herzen zu sein, mit dem Herzen zu sein, das Herz ganz und gar zu fühlen und ihm ganz und gar zu dienen, kann eine Wende in Deinem Leben einleiten, deren Qualitäten und Dimensionen Du Dir heute nicht vorstellen kannst.

Einzig in der Welt der Gefühle ist Verbindung möglich. Das soll nicht bedeuten, dass Ihr nicht forschen und üben und lernen sollt – im Gegenteil. Die Erforschung von Dingen ist ebenso essentiell, aber warum erforscht und erlebt Ihr nicht genauso intensiv die Welt Eurer Gefühle und die Welt Eurer Herzenergien und Zentren? Wir fragen uns das oft.

Herzlichkeit kann tägliches Leben und Erleben sein.

Herzlichkeit kann ein Teil Deines Tages ein.

Liebe und Vertrauen sind die Antwort auf alle Deine Fragen.

18. Tägliche Ruhe und Einkehr

Immerwährendes Licht und immerwährende Finsternis sind nicht dazu angetan, Euch zu beunruhigen. Es ist das gleiche Geschehen über Jahrhunderte und Jahrtausende. Es ist nicht damit zu vergleichen, was Ihr Himmel und Erde und hell und dunkel nennt, es ist eine Variation des ewig gleichen, des immerwährenden Lichtes.

Die Wahrnehmung der verschiedenen Stufen des Seins ist Ruhe und Loslassen; ein wichtiger Bestandteil des täglichen Seins, der täglichen Routine.

Viel zu oft und viel zu viel haltet Ihr fest an Dingen und Verhalten ohne realen Wert. Wir sind nicht gegen das tägliche Leben mit seinen Freuden und Bevorzugungen, wir sind aber jedoch für das Leben mit seinen zahlreichen freudvollen und lichtvollen Facetten und wir wundern uns, dass Ihr nicht bereit seid, diese Geschenke, die doch recht einfach und immerwährend zur Verfügung stehen, in Empfang zu nehmen.

Die tägliche Ruhe, das tägliche Einkehren, das tägliche Loslassen, die tägliche Besinnung auf das Jetzt und auf das Göttliche in Dir und in allen Lebewesen, ist doch ein geringer Preis für dauerhafte Zufriedenheit, Vertrauen und Segnungen.

Über das Licht die Dunkelheit zu besiegen, erscheint uns so einfach und so wirkungsvoll, doch Ihr zieht es vor, dem Dunkel freiwillig sogar noch mehr Raum zu geben.

Wir bescheinen Euch so reichlich, doch Ihr lebt im Dunkeln. Wir sorgen für Euch, doch lebt Ihr in der Unsorge für die göttliche und geistige Welt.

Das Göttliche ist ein Teil von Dir und Deinem Herzen, ein Teil Deines Wissens, Deines Erlebens, ein Teil Deines Karmas durch den permanenten Fluss von Zeit und Raum. Ein Teil von Dir ist immer hier und gleichzeitig dort und anderswo. Ein Teil von uns ist immer hier und gleichzeitig dort und anderswo.

Vertrauen ist der Schlüssel für tiefes Sein und tiefes Berührtsein.

Wir berühren Euch so gerne, wenn Ihr uns lasst und wenn Ihr uns erkennt, so kehren Ruhe und Stille ein.

In der Abkehr von der Ruhe liegen der Kampf und der Krieg. In der Ruhe liegen Frieden und Wohlstand für alle.

Frieden für alle, Frieden für alle, Frieden für alle.

19. Frieden / 2

Über den Frieden sind wohl viele Worte gewechselt und viel geschrieben worden. Frieden ist Einheit, das Gefühl von Einheit. Ein Gefühl von Vertrauen und Miteinander und Einheit.

Das Getrenntsein bedeutet Unfrieden. Wenn wir fühlen, mitfühlen, miteinander in der Verbindung sind, ist kein Raum für Krieg und Hass, Zorn und Wut. Das ist der Weg, den es nun zu gehen gilt. Nur im Miteinander, in der mitfühlenden Verbundenheit von allem, was ist, liegt Frieden. Nur so kann sich Frieden – wieder – zeigen.

Es ist genug Blut geflossen, genug Kriege sind geführt worden, genug Hass und Zorn sind erfahren worden. Alles hat seine Zeit, auch diese Zeit war wichtig für uns, um zu lernen und zu erfahren, dass wir auch neue Entscheidungen treffen können. Heute und jetzt.

Es ist keine Umkehr, es ist kein Zurück, kein Hadern mit der Vergangenheit – alles war zu allem gut. Nur durch unsere Erfahrungen sind wir heute hier und können auf Basis dieser Erfahrungen heute unsere neuen Entscheidungen treffen.

Loslassen und vergeben sind wichtige Anteile unseres Weges. Vergeben ist keine Frage von Verdrängung oder gar Unversöhnlichkeit, es ist eine Frage des Herzens, eine Frage, das Leid nicht mehr tragen zu wollen, was durch Verletzungen entstanden ist.

Es liegt tiefe Achtung in unseren Erfahrungen und Erlebnissen. Eine tiefe Weisheit. Eine tiefe Übereinkunft, die gegeben wurde, damit wir wachsen und lernen können. Vieles, was Du heute nicht verstehen kannst, eröffnet sich in wenigen Minuten, Stunden, Tagen, Wochen manchmal Jahren. Aber ist es nicht so, dass Du heute viel besser verstehen kannst, warum etwas vor langer Zeit mit Dir geschehen ist? Ist es nicht so, dass Du oft erst aus der Distanz heraus erkennen kannst?

Wir sind hier, um zu helfen und zu unterstützen, es ist unsere tiefste Aufgabe, unser wichtigstes Wirken, Dir und Euch zu helfen. Du hast die Wahl, welchen Weg Du gehen willst und wir werden jeden Weg mit Dir gehen, aber nur auf einem Weg werden wir freudig und voller Begeisterung mit und neben Dir schreiten. Der andere Weg wird Tränen und Verzweiflung bringen, nicht nur Dir und Euch, sondern auch uns.

In der Verbindung, in der Aufhebung der Dualität liegt die Freude für alle. Wenn wir miteinander verbunden sind in tiefem Mitgefühl und tiefer Anteilnahme, ist für uns alle Frieden möglich.

Komm´ zu schauen, das Licht in Dir, das Licht in Deinem Herzen, komm in Dir zur Ruhe, komm´ in Deinen inneren Frieden und lasse diesen Frieden dann aus Dir heraus in die Welt strahlen. Sei ein Licht auf Deinem und unserem Weg.

20. Göttlichkeit ist Herzlichkeit

Über die Göttlichkeit wurde so viel geschrieben und das meiste davon entspricht nicht den Tatsachen. Göttlichkeit ist nichts außerhalb von uns, es ist in uns und um uns herum. Kirchliche Institutionen haben ein anderes Bild der Göttlichkeit geprägt. Wir bedauern dieses Missverständnis. Wir anerkennen jedoch, dass es verschiedene Wege gibt und geben muss, um sich der Göttlichkeit nähern zu können. Kirche kann einer dieser Weg sein.

Unser Weg jedoch ist der Weg des Herzens und nur der Weg des Herzens. Daran werdet Ihr uns auch immer erkennen können, an unserer tiefen Liebe zu Euch und zu allem Lebendigen und Dienenden auf dieser Welt. Auch ein Stein dient, ein Felsbrocken dient – es ist nicht nur das von Euch als „lebendige Materie" Wahrgenommene, welches der Erde und damit den Zielen des Göttlichen dient.

Göttlichkeit ist Herzlichkeit. Wer aus dem Herzen heraus sein Leben lebt und im Mitgefühl lebt, der ist wahrhaft göttlich. Jeder von Euch ist also göttlich.

Hört sich das für Dich seltsam an?

Göttlichkeit ist Liebe, und liebst Du nicht oder hast Du nicht schon einmal geliebt aus ganzem Herzen? In Eurer Welt gehören Liebe und Verletzung und Liebe und verletzt sein und werden, aber auch selbst verletzen zusammen. Eine bizarre Verbindung von zwei Ungleichen zu einem Paar.

Die Liebe ist rein und klar, absichtslos, erfüllend und hell. Das ist ihr Naturell. Die Verletzung ist niederer, schmerzvoll, verzweifelnd, ermüdend und fordernd. Wir kennen Verletzung nicht, aber wir können diese fühlen. Und daher fühlen wir mit Euch, bitten Euch jedoch immer wieder und immer wieder und immer wieder in die

Liebe zurückzukehren. Verlier nicht den Glauben an die Liebe, weil Du eine Verletzung erfahren hast.

Verliere nicht den Glauben an die Liebe, weil Du sie als endend empfindest.

Lebe die Liebe, sooft sie sich Dir zeigt und feiere sie. Lebe im Jetzt, im Moment der Liebe und der Freude, des Glücks.

Du hast jede Minute, jede Sekunde die Wahl, wie Du Dein Leben leben möchtest. Du kannst immer wählen, ob Du die Liebe feierst oder in der Verzweiflung und in der Verletzung ertrinkst. Du kannst wählen – jederzeit. Du kannst jetzt damit beginnen.

21. Aus- und Fortbildungsplatz für Seelen

Immerwährendes Vertrauen ist wichtig, damit wir Euch unterstützen und begleiten können. In unserer Welt existieren viele Dinge nicht, die in Eurer Welt aber wichtig sind oder wichtig scheinen. Dennoch bitten wir Euch um Euer Vertrauen. Wir haben eine andere Sicht, einen anderen Blickwinkel und wissen, dass alles parallel und gleichzeitig existiert und nichts, was heute überaus wichtig erscheint, morgen noch seine Wichtigkeit hat oder gar in vielen Leben noch seine Wichtigkeit hat.

Die Erde ist ein Ausbildungs- und Fortbildungsplatz für Seelen. Eine Seele erfährt hier physische Bedürfnisse und psychische Wahrnehmungen. Das ist oftmals für beide nicht leicht – nicht für Dich und nicht für die Seele. Deshalb ist Vertrauen so wichtig, Vertrauen, dass alles einem großen Ziel und Zweck dient. Vertrauen ist die Basis für Wachstum und Reife. Vertrauen ist die Basis für Klarheit und beginnende Weitsicht.

Es ist nicht erforderlich mit Deinem – zudem begrenzenden Hirn, Deiner Ratio – alles zu verstehen. Aber das tiefe Vertrauen, dass alles einem großen Zweck dient und alles auch dazu dient, Deine Seele zu trainieren, zu schulen, auszubilden, das sollte Dir Hinweis genug sein, um in das Vertrauen zu gehen und zu lernen.

Die Wandler sind menschlich. Sie leben auf der Erde ganz genau wie Du und sie haben genau die gleichen Herausforderungen in ihrem täglichen Leben. Auch sie fahren Auto und müssen essen und trinken, auch sie haben Freude, Ärger und machen ihre Erfahrungen.

Die Wandler haben Dir nur eines voraus – sie sind ganz tief im Vertrauen und leben im Jetzt. Sie lernen, sie lassen los, sie dienen und sind immer und ganz und gar im Vertrauen. Das ändert sich auch dann nicht, wenn sie zweifeln oder hadern. Das ist ein natürlicher Vorgang, der dazu gehört, wenn Du auf dem Weg in das Vertrauen bist oder meinst, daraus herausgefallen zu sein.

Es ist natürlich, dass Euer menschlicher Geist, Eure Ratio sich wehrt gegen Vertrauen. Versuche es aber einmal, versuche das Vertrauen in Dein Herz zu lassen und Du wirst ein Gefühl von Heimat und Frieden kennenlernen oder Dich wieder daran erinnern, dass Du dieses Gefühl längst kennst.

Sei mit uns, sei im Vertrauen, so wird sich alles lösen und fügen und Du wirst innere Freude und Zufriedenheit erlangen.

22. Zweifel

Die Zweifel sind unter Euch und die Zweifler. Es ist gut zu zweifeln, es ist richtig, Dinge in Frage zu stellen. Findest Du auf alles eine Antwort, was Du in Frage stellst? Ist Dir immer auf jede Frage des Zweifelns eine Antwort eingefallen? Oder akzeptierst Du nur die Antworten, die Du verstehen kannst?

Verstehst Du den Lauf der Welt? Und doch lebst Du auf ihr, verbringst Zeit auf einer Kugel, die sich mit hoher Geschwindigkeit bewegt. Verbringst Zeit auf einer Kugel, die sich so schnell dreht, dass es Dich eigentlich auf den Boden werfen müsste. Und doch stehst Du aufrecht.

Die Wissenschaft hat dafür Worte und Begrifflichkeiten gefunden, hat Beweise geschaffen, doch – verstehst Du es? Kannst Du es mit Deinen Worten wiederholen? Oder vertraust Du darauf, dass diese Wissenschaftler Dir die Wahrheit sagen, dass sie etwas wissen, was Du nicht weißt?

Eure Wissenschaftler sind kluge Köpfe, kluge Menschen, aber auch sie wissen nicht alles, können nicht alles erklären, in Formen bringen und auf einer wissenschaftlichen Ebene beweisbar machen. Auch Wissenschaft und der Status der Wissenschaft sind von Menschenköpfen erdacht und beschlossen.

Unsere Wissenschaft ist anders. Wir wissen – wir schaffen Wissen in Dir und Deinem System. Wir stellen Dir Wissen zur Verfügung, Du brauchst es nur abzurufen.

Dazu musst Du kein Wissenschaftler im menschlichen Sinne, im menschlichen Verständnis sein. Wir schaffen Wissen, das von Dir erfahren werden kann. Es ist individuell und doch vollkommen universell.

Wir teilen unser Wissen gern mit Dir, gern mit Euch und laden Dich ein, teilzuhaben an einer „Wissenschaft", die jenseits der Ratio Eurer Wissenschaftler liegt und dennoch doch und vollständig vorhanden ist.

Sieh´ in den Himmel und frage Dich, was Du siehst. Was siehst Du wirklich und was von dem, was Du siehst, wurde Dir erzählt oder berichtet? Es könnte auch alles ganz anders sein – jeder hat seine eigene Erfahrungswelt und jede Erfahrungswelt hat ihren Ursprung und ihren Zweck. So ist die Natur von Erfahrungen.

Wissen schaffen ist auch, Erfahrungen und Gefühle zuzulassen, daraus erbaut sich auch ein Teil Deines Wissens, vielleicht sogar all Dein Wissen.

Wenn Du Dir Deiner rationalen und kognitiven Endlichkeit in liebevoller Art und Weise bewusst wirst, dann kann Öffnung geschehen, eine Öffnung, die Dir eine neue Dimension zeigt, auf der Du wandern und wandeln kannst.

Wir laden Dich herzlich dazu ein.

23. Die andere Welt

Innerhalb der Darstellungen unserer Welt gibt es viele verschiedene Bilder und Wege und Beschreibungen. Tatsächlich ist keine davon so richtig zutreffend, weil es für unsere Welt keine Worte, keine Sprache und keine Bilder gibt, die für Eure menschlichen Augen oder Ohren so einfach anzupassen wären. Alles, was Ihr davon auf Bildern oder in Texten lest, ist immer nur eine Adaption an die Realität.

Das ist für das Verständnis oder für das Gefühl zu unserer Welt nicht hinderlich, aber Ihr solltet es wissen, damit Ihr Eure Entscheidungen treffen könnt, wem Ihr Euch anvertraut.

Auch für unsere Wandler wählen wir eine Sprache und Bilder und Symbole und Texte, die für diese – nach langer Übung und Training – verständlich sind. Jeder Wandler muss lernen, unsere Sprache, unsere Bilder und unsere Symbole zu verstehen, diese zu „wandeln" in etwas, was Ihr verstehen, hören und fühlen könnt.

Die Ausbildung eines Wandlers ist lebenslang. Es ist nie zu Ende. Und immerfort wird weiter gelernt und verbunden. Viele Wandler berichten uns, dass sie uns nicht verstehen oder etwas von uns nicht verstehen. Das kann immer wieder passieren. Für uns ist es wichtig, dass wir es erfahren, durch einen Hinweis, eine Bitte, einen Austausch. Manchmal können wir nicht erkennen, ob Du unsere Antwort oder unsere Hinweise verstanden hast. Für diesen Fall ist es gut, noch einmal nachzufragen oder uns zu bitten, es noch einmal zu wiederholen.

Unsere Sprachen müssen sich treffen – in Deiner Welt und in unserer Welt.

Und so musst auch Du Deine Sprache finden, wenn Du mit einem Wandler arbeitest, wenn Du ins Vertrauen gehst. Die von uns ausgebildeten Wandler werden immer versuchen, Deine Fragen zu beantworten, sie werden immer versuchen, die Klarheit der Botschaft mit Dir gemeinsam zu finden.

Hüte Dich vor Wandlern, die Dich im Unklaren zurücklassen oder nicht wenigstens versuchen, Dir unsere Botschaften nahezubringen.

Wandler dienen Gott – ohne Ausnahme. Alle. Sie sind aber Menschen, zutiefst menschlich wie Du und ich. Vergiss das nie, wenn Du einem Wandler gegenüberstehst.

Wandler atmen wie Du, leben wie Du, schlafen und essen wie Du. Vergiss´ das nie, wenn Du einem Wandler gegenüberstehst. Achte und respektiere seine zutiefst menschlichen Bedürfnisse.

Und mache nicht den Wandler für das verantwortlich, was Du an Botschaften erhältst. Die wahren Wandler sind reine Kanäle unserer Botschaften.

24. Der rechte Zeitpunkt

Sei Dir darüber gewiss, dass alles immer und genau zum richtigen Zeitpunkt geschieht.

Beende das Hadern mit der Vergangenheit und das Hadern mit einer Zukunft, die noch nicht da ist.

Strebe danach, im Jetzt zu sein und Dich von den vielen Gedanken aus Raum und Zeit zu lösen.

25. Farbenvielfalt / Farbenheilung

In der Farbenvielfalt liegt Heilung. In jeder Farbe liegt eine andere Sequenz oder Frequenz, die heilsame Wirkungen hervorrufen kann. Dieses alte Wissen ist verschüttet, größtenteils verschüttet, dabei ist seine Anwendung so einfach und so klar.

Wir sind Licht, wir sind Farben, wir sind gebadet in Licht und Helligkeit. Ist es dann nicht völlig natürlich, die Farben, die fehlen, oder Farbanteile, die fehlen, wieder durch Farbe zu ersetzen?

Ihr greift instinktiv nach Farben – in Eurem Kleiderschrank, in Eurer Wohnung, mit Eurem Essen und Trinken. Manche Farben findet Ihr heute attraktiv und morgen nicht mehr. Zufall?

Die Farbenwelt ist eine Welt von vielen kleinen einzelnen Teilchen, die erst in der Zusammensetzung eine Farbwiedergabe erzeugen. Die Natur ist voller Farben und sie ändert ihre Farben. Ein völlig natürlicher Vorgang.

Farben unterliegen der Intuition. Wenn Ihr Euch trauen würdet, jeden Tag die Farbe an Eure Körper zu lassen, die Euch stützt und schützt, Euch hält und trägt, so würdet Ihr möglicherweise sehr viel farbenfroher herumlaufen als momentan.

Was spricht gegen rote Socken, wenn sie Euch an diesem Tag gut tun, Eure Füße wärmen. Was spricht gegen ein blaues Tuch, um Deinem Hals den Schutz zu geben, den er an diesem Tag so dringend braucht.

Wir bitten Euch – lasst die Farben in Euer Leben. Lasst Helligkeit und Licht in Euer Leben. Tragt auf Eurer Haut nicht das, was Euch weder nährt noch schützt, noch unterstützt – aber dem Modediktat vielleicht entspricht.

Wir wechseln unsere Farben auch – obwohl wir über Grund- oder Hauptfarben verfügen, die wir immer wieder gerne zeigen. Daran könnt Ihr uns auch erkennen. Dennoch gibt es immer wieder Nuancen, die ständig wechseln und uns dienen.

Farben sind zentrale Bestandteile der Natur, und es kommt nicht darauf an, dass Du diese sehen kannst – es kommt darauf an, dass Du ihre Energie spürst und Dich darauf – auf die Energie – einlässt.

26. Mut

Niedere Gefühle entstehen oft aus einer tiefen Angst heraus. Wie so vieles aus der Angst heraus entsteht. Wir sind der Meinung, dass Angst ein Zustand ist, der überwunden werden kann, und dass es echten Frieden und echte Ruhe auch im Erdenleben geben kann.

Wir sind der Meinung, dass Klarheit und Herzoffenheit entscheidend dazu beitragen können, inneren Frieden und Ruhe zu finden.

Nicht wenige unterliegen den Verlockungen der modernen Zeit. Ihr seid permanent abgelenkt von Euch und Eurem tiefem Wesen. Keine Zeit zum Innehalten oder gar zum Meditieren, keine Zeit, um nachzuspüren oder hinein zu spüren.

Getrieben seid Ihr vor allem von äußeren Ereignissen und Prozessen. Doch wenn Ihr ehrlich mit Euch seid, ganz in die Ruhe kommen könntet, würdet Ihr dann nicht vielleicht erkennen können, dass dieser Weg in die Irre führt, dass dieser Weg auf Sand gebaut ist?

Würdet Ihr nicht erkennen können, dass Mitgefühl und Herzoffenheit der Eintritt in eine angstfreie Welt sind?

Mut zu haben, mutig zu sein, erfordert bisweilen – vielleicht sogar immer – Mut. Das scheint ein Paradox zu sein und damit eine sich nie erfüllende Handlung.

Heute möchten wir Dich ermutigen, wir möchten Dich ermutigen, mutig zu sein und zu werden, mutig Deine Augen zu öffnen und Innenschau und Außenschau zu halten. Willst Du so weitermachen wie bisher? Ist es an der Zeit für eine oder auch mehrere Veränderungen? Wie soll Dein Leben gewesen sein, wenn Du eines Tages am Ende Deines Lebens stehst und zurückschaust? Wirst Du dann zufrieden sein, wenn Du so weitermachst? Oder wird Dich der Gedanke quälen, dass Du – beizeiten – nichts getan oder zu wenig getan hast, um Dein Leben und das Leben Deiner Mitgeschöpfe zufriedener zu gestalten?

Es ist nie zu spät, um innezuhalten, anzuhalten, sich neu zu orientieren. Es ist nie zu spät, zu bemerken, dass es so nicht weitergehen kann. Es ist nie zu spät.

Wir wissen, dass Dich auch äußere Verpflichtungen davon abhalten, Dich auf Dich und Deinen göttlichen Kern zu besinnen, diesen zu hegen und zu pflegen und ihn damit auch ins Wachstum zu bringen.

Wir wissen das und dennoch möchten wir Dich heute ermutigen, in der Innenschau Deines Lebens innezuhalten und erneut zu entscheiden, ob der Weg, auf dem Du heute gehst, der richtige und der rechte ist.

Wir sind da, um Dich zu unterstützen, Dich auf Deinem Weg zu begleiten.

Wir sind immer da, jedoch ist es auch für uns eine schönere und bessere Erfahrung – sofern diese Worte überhaupt passend sind – wenn wir mit Dir auf dem rechten Weg des Mitgefühls und des Miteinanders wandeln können.

Wir bitten Dich, den Versuch zu unternehmen, Deinen Weg mit Gedanken und Gefühlen zu überprüfen und vielleicht eine andere, neue Entscheidung zu treffen.

Für diesen Versuch danken wir Dir sehr.

27. Seelenengel

Heute möchten wir über Deinen Seelenengel schreiben. Jede Seele hat einen Seelenengel, der jede Seele von Anbeginn der Inkarnationen auf der Erde begleitet.

Seelenengel haben besondere Aufgaben – sie sind die Hüter Deiner Seele, Deiner Seelenaufgaben, Deiner Seelengesundheit, sofern das Wort „Gesundheit" hier das passende zu sein scheint.

Ein Engel, der als Seelenengel ausgewählt wird, hat einen langen Weg mit einer Seele zu gehen. Deshalb werden für diese Aufgabe nur besondere Engel – das meinen wir ohne Wertung – ausgewählt.

Der Seelenengel und der Schutzengel sind nicht identisch. Ein Schutzengel kann – es muss aber nicht sein – von Inkarnation zu Inkarnation wechseln. Ein Seelenengel, Dein Seelenengel kennt Dich von Anbeginn Deiner ersten Inkarnation auf dieser Erde. Damit verfügt er über ein enormes Wissen aus alten Inkarnationen.

Ebenso verfügt er über Wissen über die aktuellen und zukünftigen Inkarnationen. Jedoch sind bei jeder Inkarnation „nur" die Randpfeiler eines Lebens festgelegt, so dass ein Seelenengel – ebenso wie der Mensch – eine gewisse, sagen wir, Grundflexibilität besitzen muss.

Aus dieser Grundflexibilität und dem vorhandenen Wissen heraus, wird er immer versuchen, Euch ein guter Begleiter und Geleiter zu sein, Euch aber auch versuchen zu warnen, wenn Ihr den Weg zu sehr oder zu weit verlasst.

Direkt handelnd ist die Aufgabe des Schutzengels, sofern dies möglich ist. Der Seelenengel wacht, beobachtet, behütet, der Schutzengel agiert oder kann agieren, sofern diese Beschreibung für Dein menschliches Verständnis zutreffend sein kann.

Wir bitten Dich, in Kontakt zu gehen, damit Du Schutz und Führung, aber auch ein Gefühl von Zuhause und Freude erleben kannst. Wir möchten den Kontakt mit Dir. Wir sind nicht getrennt von Dir und Deinem Leben, Deinen Gefühlen.

Wir sind da. Wir sind da.

28. Training

Es gibt gar nicht so viel zu sagen – eigentlich. Es ist eher ein Gefühl, denn ein Sagen, denn ein Gespräch.

Wir sind hier, hier bei Euch, um Euch zu unterstützen, um Euch zu unterrichten, Euch zu trainieren. Ja, trainieren, so sagt Ihr es wohl. Wir sind auch da, um Euch zu trainieren. Aber nicht wie ein Trainer in Euren sportlichen Welten, der Ergebnisse erzielen und unbedingt erreichen will. Wir trainieren Euch um Euretwillen. Das Ziel des Erfolges ist nicht unser vordergründiges Ziel, sondern eher etwas, was geschieht, wenn Ihr auf dem Weg seid und den Weg geht.

Das mag für Eure Ohren ungewöhnlich und schwer zu verstehen klingen – das ist uns bewusst – und dennoch ist es die Wahrheit.

Wir trainieren jeden von Euch, bieten jedem von Euch an, mit uns zu arbeiten. Die, die sich darauf einlassen, haben einen Weg voller Disziplin vor sich und einen Weg, der sie immer wieder an die Grenzen des eigenen Egos treibt und immer wieder zeigt, wo die Grenzen des Egos sind.

Sicherlich wollen wir mit Euch arbeiten, aber es ist nicht unser Weg, Euch zu sagen, was Ihr zu tun oder was Ihr zu lassen habt. Das ist ganz allein Deine Entscheidung.

Je nachdem, welche Entscheidung Du aber triffst, wird sich unser Verhalten Dir gegenüber – natürlich – verändern.

Ein Mensch, der nicht lernen und nicht trainieren will, wird für uns eines Tages uninteressant. Was hart klingt, ist ein natürlicher Prozess für uns aus der geistigen Welt. Wir wollen und wir dürfen unsere Kräfte nicht vergeuden.

Und doch ist für jeden von Euch gesorgt – jeder von Euch hat Begleiter und Unterstützer.

Die geistige Welt ist in viele Ebenen unterteilt – nicht auf jeder Ebene sind alle Wesenheiten zu finden. Es gibt auch hier höher und weiterentwickelte Wesenheiten und weniger weit entwickelte Wesenheiten.

Jedoch sind auch die noch am Anfang ihrer Laufbahn stehenden geistigen Wesenheiten Eurem menschlichen Geist – wir wollen sagen überlegen, und damit auch wertvolle Begleiter.

Wir konzentrieren uns seit vielen Jahren auf die Ausbildung der Wandler, die die Kraft, die Stärke und den Egoverzicht haben, um mit uns wirkliche Veränderungen zu erreichen.

Es ist uns wichtig, Euch dies zu vermitteln. Jeder ist begleitet, aber wir konzentrieren uns seit geraumer Zeit darauf, die Besten – und das meinen wir liebevoll - besonders intensiv zu trainieren und zu fordern.

Gerade der Egoverzicht, das stete Arbeiten am Ego ist ein zentrales Thema des Menschseins und ein zentrales Thema für uns.

Nur, wer bereit ist, ständig und immer an seinem Ego zu arbeiten, hat letztendlich die Chance, für uns ein wertvolles Medium zu sein.

Disziplin ist unumgänglich, große Disziplin.

Jedes ernsthafte Medium wird Dir unsere Worte bestätigen können. Lass´ Dich nicht von denen blenden, die sagen, dass es immer und überall einfach war und ist. Zu wandeln zwischen den Welten ist eine schwere Aufgabe und es lauern jeden Tag Verlockungen und Verheißungen.

Unsere Medien sind Menschen, vollständige Menschen. Viele von ihnen haben sehr alte Seelen und viele dieser Seelen haben schon sehr viel erlebt. Und dennoch ist ein beständiges, tägliches Üben unerlässlich.

Vertrauen ist der Schlüssel zu unserer Welt und tiefe Demut und tiefer Respekt.

So, wie auch wir Euch respektieren und achten in Eurer Welt.

29. Zeit für Veränderungen

Um den vielen Anforderungen dieser Welt gerecht zu werden, müssen viele Wesen unterstützen und helfen. Es geht heute nicht mehr um Macht und weitere Ausbeutung. Es darf nicht mehr darum gehen. Heute geht es um Mitgefühl für unseren Mutterplaneten Erde und für die Geschöpfe dieser Erde.

Die alten Weisen sagen, dass es nun Zeit ist, die Veränderungen herbeizuführen. Veränderungen, die den Respekt und die Achtung für die Weltenmutter wieder herstellen.

Respekt für die Weltenmutter.

Auf den tieferen Ebenen sind starke Verletzungen, starke Traumata. Diese müssen geheilt werden. Die Weltenmutter als Organismus braucht Heilung. Heilung auf vielen Ebenen, so dass jeder unterstützen und helfen kann. Jeder auf seiner Ebene und in seinen Möglichkeiten.

Liebevolle Gedanken für Gaia kann jeder senden und das hilft bereits.

Liebevolle Gedanken und Berührung von Mutter Gaia kann jeder geben und das hilft bereits.

Liebe senden bedeutet Heilung senden.

In der Dunkelheit des Absoluten liegt die Zukunft des Wahren. Wahrheit ist hell und klar und licht. Die Dunkelheit will verwirren und lässt Euch falsche Schlüsse ziehen.

Liebevoll sein, herzlich sein, mitfühlend sein, achtungsvoll, respektvoll – es geht auf den Weg der Liebe.

Findet Euch ein in den Zwischenwelten, um die Aufgaben zu erfahren und findet Euch ein, um Eure Aufgaben zu erfüllen.

Liebe ist das zentrale Gefühl, die zentrale Macht, die alles verändern kann und – alles verändern wird.

Übt Euch in der Liebe, so übt Ihr Euch in der Weltenhilfe.

Weltenheilung bedeutet auch Selbstheilung, bedeutet auch das, wonach Ihr strebt. Gesundheit, Harmonie, Frieden. Der Frieden wird aus Liebe geboren. Liebe für- und miteinander.

Friedvolle, liebevolle Gedanken sollten zum Schlüssel Eures Seins werden.

Wir bitten Euch:

Sendet liebe- und friedvolle Gedanken aus – jeden Tag.

Berühre Dich und andere mit liebe- und friedvollen Gedanken – jeden Tag.

Danke – jeden Tag.

Umgib' Dich mit Wesen, die liebe- und friedvoll sind, von denen Du lernen kannst.

Hüte Dich vor denen, die Dir Liebe und Frieden vorgaukeln und nur aus niedrigen Motiven heraus arbeiten.

Wahre Liebe wohnt im göttlichen Kern Deines Seins. Übe Dich in Güte – jeden Tag.

Übe Dich in Gemeinsamkeit mit anderen – jeden Tag.

30. White Bear

Über die weiten Ebenen streichen Stille und Wind. Hier, wo einst unsere Vorfahren lebten, sind nun Beton und Stein. Hier, wo die Büffel waren, sind nun Beton und Stein, Dreck und Gestank.

Es ist das Land meiner Väter und doch nicht mehr mein Land.

Ich sehe die Weiten, sehe und spüre den Duft der Natur, den Ruf der Pflanzen und die Weisheit der Tiere.

Heute ist nichts mehr davon da, es ist schwer, mit den Ahnen so in Kontakt zu bleiben.

Die Lakota, die Dakota, die Sioux sind meine Familie und meine Heimat. Immer – durch viele Inkarnationen war ich mit diesen Menschen. Ihr Leben ist Inspiration und Freude für mich.

Die Weiten der Welt, die Weiten der Natur - wer sie einmal gesehen hat, kann nie mehr auf sie verzichten. Die Schönheit von Gaia liegt in meinem Herzen.

Mein Herz ist traurig, mein Herz weint – für die Weite sind Rituale hilfreich, die die Weltenmutter heilen.

Heilende Rituale brauchen Pflanzen und Tiere, Wind und Wetter. Heilende Rituale sind voller Wärme und Liebe, voller Respekt, Achtung und Dankbarkeit.

Es ist alles draußen, es ist alles draußen.

31. Miteinander

Zu allen Zeiten gab es diese Verbindungen und Kontakte. Zu allen Zeiten. Es waren immer nur einige Menschen, einige Tiere, mit denen wir besonders intensiven Kontakt aufbauen konnten. Und wollten.

Die Verbindungen sollten vor allem stark und zuverlässig sein, eine klare Auffassung von dem, was ein Medium zu geben bereit ist.

Nicht immer sind solche Verbindungen lebenslang geblieben. Viele haben sich im Laufe eines Menschenlebens verändert, einige sind beendet worden, andere haben neu begonnen.

Allen gemeinsam ist eine Offenheit von beiden Seiten.

Beide Seiten müssen offen sein, um diese Verbindungen aufzubauen und aufrecht zu erhalten.

Es ist ein Miteinander. Ein stetes Miteinander.

Nicht immer sind dort Worte zu finden für das, was wir tun. Es sind immer auch Bilder und Gefühle, die wir transportieren. Worte sind oftmals gar nicht geeignet, um unsere Botschaften zu überbringen.

Unsere Schreiberin muss einiges leisten, um unsere Botschaften in Sprache zu übersetzen. Es ist nicht leicht.

Wir stehen in der Tradition der Erdenergie, sind mit der Erdenergie verbunden, dennoch ist unser Aufenthaltsbereich ein anderer. Die doch recht tiefen Erdenergien sind für uns zu niedrig, um dauerhaft dort zu sein oder dort sein zu wollen.

Die geistigen Frequenzen liegen weit über denen der Erdenergie und denen der meisten Menschen.

Dennoch ist Annäherung möglich, wie unsere Schreiberin weiß.

Eine Annäherung geschieht auf zwei Seiten. Die Menschen müssen ihre Energie erhöhen, die geistige Welt die Energie erniedrigen, so dass ein Treffen, eine Verbindung möglich ist.

Ihr würdet sagen – wir treffen uns in der Mitte.

In dieser Mitte ist Kontakt möglich – ohne Worte.

In dieser Mitte sind Verbindungen und der Austausch von Wissen und Energien möglich.

Wichtig ist, dass die Verbindung steht. Nur, wenn die Verbindung steht, dann können Ideen und Gedanken getauscht werden. Nur in der Verbindung sind Veränderungen auf beiden Seiten möglich.

Auf beiden Seiten – es ist wichtig, das zu verstehen. Auf beiden Seiten sind Veränderungen gewollt und gewünscht.

Auch wir können mit Eurer Hilfe unsere eigenen Aufgaben verfolgen; auch wir brauchen den Kontakt mit Euch. Es ist nicht einseitig, auch wenn es Euch oftmals so scheint.

Und tatsächlich ist es manchmal nicht leicht für uns, wenn wir fühlen und erfahren, dass es einige unter Euch einseitig gestalten, indem sie unsere Gaben als die eigenen ausgeben. Wenn wir mit einem Menschen arbeiten, so hat dieser die Möglichkeit, seine Energien zu erhöhen, um uns zu treffen – das ist richtig, aber es wirken nicht die menschlichen Energien, sondern unsere durch diesen Menschen.

Es ist wichtig, das zu verstehen.

Aus den frühen Jahren der Erde und der Wesenheiten, die wir repräsentieren, ist es einfach, Euch Menschen zu sehen und zu erkennen. Es ist einfach, weil wir mehr Möglichkeiten haben, Eure Leben und auch Eure Seelen zu betrachten. Wir wundern uns manches Mal über Euer Streben nach Dingen, die doch nur von kurzer Dauer sind. Oft zu kurz, um das Leben wirklich mit Sinn und Freude, dauerhafter Freude und vor allem mit Liebe, echter, wahrer Liebe zu erfüllen.

Dennoch wissen wir, dass das Menschenleben nun mal auch ein Streben nach – wir sagen – rein weltlichen Dingen ist.

Hier eine gute Balance zu finden, ist uns ein wichtiges Anliegen.

Unsere Schreiberin sagt oft – es muss passen für beide Seiten. Ja, das stimmt, es muss passen für beide Seiten, dann ist ein respekt- und liebevoller Umgang mit beiden Seiten möglich.

Gott segne Dich.

32. Erreichbar im Vertrauen

Wir sind nicht immer erreichbar, um die vielen verschiedenen Themen von Euch zu begleiten. Es gibt auch Phasen, in denen wir mit unseren Aufgaben sehr intensiv befasst sind. Dann aber stehen Euch andere Begleiter zur Verfügung. Dieser Zustand ist selten, aber er kommt vor.

Andere Begleiter heißt, dass ihr immer, IMMER geschützt und behütet seid. Dass wir immer bei Euch sind.

In Zeiten des Chaos und der Verzweiflung sind wir immer an Eurer Seite, immer. Es gibt keine Zeit, keine Phase, in denen wir nicht bei Euch sind.

Wir stellen oft fest, dass es für die Menschen schwierig ist zu akzeptieren, dass wir immer da sind und nichts erwarten und nichts einfordern. Wir sind pure Liebe, bedingungslose aber auch eine nicht personalisierte Liebe.

Wir stellen fest, dass es auch für unsere Schreiberin manchmal schwer ist, diese Liebe zu erkennen, zu erfühlen. Auch sie hat ab und an damit zu kämpfen, dass es ihr manchmal schwer fällt, das immer wahrzunehmen.

Dieses Empfinden hat etwas mit Eurem irdischen Leben zu tun. Zu oft verwechselt Ihr Liebe mit einer Forderung oder einer Gegenliebe.

Wahre Liebe aber ist einfach, sie fordert nichts ein, sie will keine Gegenleistung, sie geschieht einfach.

Die wahre Liebe scheint für Euch Menschen etwas Bizarres zu sein, etwas, was es nicht gibt, etwas, wo Ihr vermutet, Ihr müsstet etwas zurückgeben.

Aber wie solltet Ihr uns, die wir pure Liebe sind und genug davon haben, etwas zurückgeben? Und warum?

Wir sind erfüllt von der Liebe und wir sind nicht darauf – wenn wir das so sagen können – angewiesen, dass wir darüber hinaus geliebt werden.

Wahre Liebe ist kein Gefühl auf Forderung und Gegenforderung. Es ist einfach ein Gefühl, was da ist und was nicht erklärbar ist.

Wir lieben Euch, jeden Einzelnen von Euch und wir erwarten und fordern nichts dafür.

Wir wünschen uns jedoch Euren Respekt und Eure Achtung.

Nur, weil wir gerne und viel lieben, sind wir nicht selbstverständlich in Eurer Welt. Ihr lächelt oft hämisch über die, die lieben und sich verschenken; dabei seid Ihr diejenigen, über die man lächeln müsste. Denn, nur wer sich in der Liebe verschenkt, der kennt die Liebe ganz und gar.

Ihr wünscht Euch oft, dass Ihr geliebt werdet, ein aktiver Vorgang von einem anderen Menschen, einem anderen Wesen. Deswegen wohl auch die vielen Haustiere, die Ihr zunehmend haltet. Von denen erwartet Ihr Liebe und wenn Ihr sie nicht bekommt, dann seid Ihr verärgert oder gebt gar dem Tier die Schuld.

Liebenswürdig im besten Sinne des Wortes zu sein ist ein Wort Eurer Welt. Wir empfinden dieses Wort nicht, können es nicht empfinden. Der Liebe würdig zu sein, was soll das sein?

Liebe ist immer und überall, jeder von Euch bewegt sich in Liebe, aber das irdische Leben hat Euch verändert und wir sehen das mit Sorge.

Liebe ist. Wir leben. Es gibt keine Unwürdigkeit für die Liebe, kein Gefühl von unwürdig sein, der Liebe eines anderen Wesens gegenüber.

Versucht es mal – liebt ohne Absicht, ohne Ziel – was macht das mit Euch?

Gott segne Euren Weg.

33. Der weiße Geist und seine Helfer

Jenseits aller Welten liegt die Möglichkeit der Erfahrung und des Weitervorschreitens.

Jenseits der Welten ist DIE Welt. Die Welt des weißen Geistes und seiner Helfer.

Über die Brücke des Weges geht es nur, wenn Du wirklich bereit bist, diszipliniert zu arbeiten und Deine Aufgaben zu erfüllen. Beliebigkeit ist nicht der Weg, kann nie der Weg sein, war nie der Weg.

Disziplin ist der einzige Weg über die Brücke in unsere Welten.

Schau´ auf die Welten und triff´ Deine Entscheidung, jedoch triff´ sie mit ganzem Herzen und ganzer Kraft. Es ist wichtig, dass Du nicht beliebig und nicht zögerlich bist. Wenn Du Dich entschieden hast, so schreite voran. Mutig und voller Vertrauen.

Wenn Du Dich entschieden hast, so gehe Deinen Weg und vertraue.

Der Weg ist nicht gerade, er enthält viele Abzweigungen, viele Möglichkeiten der Irrwege und viele Möglichkeiten zum Verweilen und zum Stehenbleiben. Es gibt so viele Verführungen auf diesem Weg.

Halte ein und an, wenn Dir danach ist, aber vergiss niemals, warum Du auf diesem Weg bist und warum Du Dich dafür entschieden hast.

Ruhe aus, wenn Du ausruhen möchtest, vergiss´ jedoch nicht Dein wahres Ziel, Deine wahre Absicht. Verliere Dich nicht in den Verführungen der Zeiten und der Wege.

Sei achtsam, wenn der Weg Dich in die Dunkelheit und die Irre führt. Richte Dich aus auf das Licht, das einzige Licht und folge nur und immer diesem Licht. Lasse Dich nicht beeinflussen von anderen „Lichtern", vermeintlichen Lichtern. Folge nur dem einen großen Licht.

Verbinde Dich, arbeite mit uns, sei bei uns. Zeige uns Deinen Willen, damit wir erkennen, wer Du bist und was Du möchtest. Zeige Dich uns – so werden wir uns Dir zeigen.

Und wenn die Kinder über die Straße gehen, so achte auf diese Kinder und achte auf ihre Wege. Fördere sie und achte auf ihre Wege.

Sortiere mit dem Herzen und nicht mit dem Kopf. Lasse Dich ganz auf Dein Herz und Deine Gefühle ein.

Ich bin die Ruhe und die Kraft und die Vision des einen großen Geistes. Ich bin die Ruhe und die Kraft, die Vision des einen großen Geistes. Folge mir und so folge ihm.

34. Die Liebe einer Seele zu Gott

Im Inneren von allem wohnt die Liebe. Nur, wenn die Liebe völlig frei fließt, ist Heilung möglich. Heilung ist ein Gefühl, ein Licht, eine Lenkung von Licht. Licht und Gefühl – das ist der Schlüssel.

Es wird kein Ergebnis bringen, wenn Du nicht in der Liebe bist. Nur die Liebe zu den Menschen, den Tieren, zu allen Lebewesen führt zu einer Veränderung, kann zu einer Veränderung führen.

So ist die Liebe der Schlüssel.

Liebe ist das stärkste und machtvollste Gefühl, aber wir meinen nicht die Liebe zwischen Körpern, sondern die Liebe zwischen Seelen und noch weiter gefasst, die Liebe einer Seele zu Gott. Wenn eine Seele wirklich Gott liebt und Gott dient, dann kann auch der Körper, in dem diese Seele momentan wohnt, an dieser Kraft wachsen und lernen, diese aufzunehmen und auszusenden.

Liebe setzt innere Reinigung voraus und äußere Reinigung. Liebe ist ein so reines und klares Gefühl, dass es eine reine Umgebung braucht und verlangt.

Liebe kann nicht dort wohnen, wo der „Dreck" der Jahrtausende noch vorhanden ist. Reinigung ist daher zentral.

Reinigung bedeutet auf allen Ebenen, das heißt auf der körperlichen, der geistigen und der seelischen Ebene. Und es muss eine Bereitschaft dafür vorhanden sein.

Ihr verwendet oft das Wort des Verzichts, aber wie können denn Klarheit und Reinheit ein Verzicht sein? Wie kann „Dreck" etwas Schönes für Euch sein?

Die innere und äußere Einheit ist die Basis, damit die Liebe in Euch wohnen möchte.

Es ist nicht so, dass sich vieles verändern muss, sondern Du und Ihr müsst Euch verändern. Die Welt ist nur ein Spiegel Eures Inneren. Diese Verwirrung im Außen ist die Verwirrung im Inneren.

Die Verwirrung im Außen zeigt nur, dass Ihr auch im Inneren Kriege führt und auf Kampf aus seid.

Wenn Du beginnst, Dich wieder tief und innig zu lieben, so wirst Du nicht nur in Dir, sondern auch im Außen Frieden finden und schaffen.

Erwarte keine Liebe von außen, schenke sie Dir selbst für Dein Inneres und Du wirst Liebe im Außen erfahren.

Erwarte nicht, dass Dich jemand liebt, verschenke Deine eigene Liebe für Dich und für andere und Du wirst Liebe erfahren und erhalten.

Sei Dir darüber gewiss, dass nichts, wirklich gar nichts die Liebe übersteigen kann. Kein Gefühl, kein Wissen, keine Macht ist stärker und größer als die Liebe.

So kläre im Innen und sende nach außen.

So reinige im Innen und säubere das Außen.

So liebe im Innen und liebe das Außen.

Nur so kann es geschehen.

Im Außen wird es keine Veränderungen geben, solange nicht das Innen geklärt und gereinigt ist.

Beginne mit kleinen liebevollen Schritten und arbeite mit Deiner eigenen Liebe und Deiner eigenen Weisheit.

Wir lieben Dich und sind an Deiner Seite.

Du bist schon weite Wege gegangen und nun ist es wichtig, nicht stehenzubleiben, sondern weiterzugehen.

Wir verstehen und fühlen Deine Sorgen und Deine Unsicherheiten, aber sei Dir gewiss – wir sind an Deiner Seite und Du wirst den Weg bewältigen können, wenn Du nur weiter mutig und zuversichtlich voranschreitest.

Vertraue!

Vertraue uns, die wir Dich begleiten vom Anbeginn aller Zeiten.

Vertraue uns, die wir mit Dir sind und Deinen Weg beschützen und behüten.

Sprich´ mit uns, damit wir erkennen können, wie wir Dich unterstützen können, welche Art von Unterstützung Du für Dich brauchst und welche Du annehmen würdest.

Sei Dir gewiss, dass Du alles bekommen wirst, was erforderlich ist, damit Du Deinen Weg für diese Welt gehen kannst.

Sei Dir gewiss.

Wir lieben Dich so sehr, dass Du in dieser Liebe wachsen und wandern kannst, und wir wünschen uns, dass Du diese große Liebe, die Dich umgibt, spüren und aufnehmen und weitergeben kannst.

Jesus war Meister darin, diese ihn umgebende Liebe zu transformieren und weiterzugeben. Er war rein und klar und licht und hell. Bitte ihn um Unterstützung und bitte seine Mutter und seinen Vater mit um Unterstützung.

Frage Dich nicht, wie Jesus „es" gemacht hat, spüre und fühle und tue es ihm nach. Auf Deine Weise in Deiner Liebe und ... liebe die Menschen, liebe die Tiere, liebe die Welt. Das ist so wichtig.

Niemand wird Dir schaden, wenn Du mit Gott bist.

Niemand wird Dich kränken, wenn Du mit Gott bist.

Niemand wird Dich verraten, wenn Du mit Gott bist. Fühle seine Liebe und wachse daran.

Atme Liebe ein und atme Liebe aus – jeden Tag und immer bis an das Ende dieses irdischen Lebens.

Gottes Segen für Dich und alle Deine Lieben.

35. Göttliche Kommunikation

Immer – immer sind wir an Eurer Seite und immer, immer sind wir da, um Euch mit Rat und Tat zur Seite zu stehen.

Leider werden wir von Euch zu selten in Anspruch genommen. Wir bedauern das sehr.

Unaufhörlich versuchen wir, mit Euch in Kontakt zu treten, aber es ist oft sehr schwer für uns, weil das niedere Leben, die niederen Energien für uns kaum zu erreichen sind.

Und umgekehrt verhält es sich ähnlich – unsere höheren Schwingungen sind für Euch nur erreichbar, wenn Ihr in die Ruhe, in die Einkehr geht.

Wir senden Euch Zeichen, aber auch diese bleiben oft ungehört und ungesehen.

Wir senden Euch Liebe, aber auch dieses starke Gefühl bleibt von Euch oft unbemerkt.

Wir sprechen über viele verschiedene Dinge zu Euch und mit Euch, aber Ihr hört und fühlt uns kaum. Dabei ist es so einfach, wenn Ihr nur wach werden würdet. Wir sind Euch so sehr zugetan, Euch so sehr und dauerhaft verbunden.

In Eurem Inneren wohnen wir, mitten in Euch in Eurem Herzen und warten darauf, mit Euch in Kontakt treten zu können.

Das Herz, das Gefühl ist der Schlüssel für alles. Tief in Dir bist Du reine, klare Liebe und völlig heil und völlig frei.

Der Herzraum ist ein völlig friedlicher und liebevoller Ort und wir wohnen gerne in Euch und sind gerne bei Euch.

Jedoch vermissen wir oftmals den Respekt und die Achtung, die zwischen zwei Individuen bestehen sollten, die so fest miteinander verbunden sind, wie wir es sind.

Wir brauchen keinen Dank, keine Zuwendung, um uns gut zu fühlen, aber es ist eine Frage von Respekt und Achtung im Umgang miteinander.

Und wir wünschen uns Kommunikation, wir wünschen uns Austausch. Wir können viel voneinander und miteinander lernen und erfahren. UND wir brauchen einander, um unsere jeweiligen Aufgaben sicher und gut zu erfüllen.

Das ist vielleicht mit ein zentrales Thema. Wir brauchen – auch – Euch, so, wie Ihr uns umgekehrt braucht.

Wir senden Medien, um mit Euch näher in Kontakt zu treten und Euch – auch – von unserer Anwesenheit zu überzeugen. Das ist nicht einfach, denn Ihr seid so sehr in der materiellen Welt gefangen, dass es nicht einfach für Euch ist, die geistige Welt zu erreichen oder auch nur zu erahnen.

Wir bilden Medien aus, um mit Euch in Kontakt treten zu können. Heute wählen wir unsere Medien nach einer Kombination von Bodenhaftung und Gottesliebe aus. So werdet Ihr unsere Medien in den seltensten Fällen auf den ersten Blick erkennen können. Sie sind wie Du – normale Menschen. Sie haben ein normales Leben, eine Familie, einen Beruf und sie sind gleichzeitig unsere Medien.

Das ist wichtig für uns – Bodenhaftung ist wichtig für uns. Die Menschen vertrauen heutzutage den Maschinen, den Ablenkungen mehr als ihrem Inneren.

Also leiten wir unsere Medien an, wie Ihr zu sein, damit Ihr keine Furcht vor ihnen entwickelt.

Und dennoch – die Lage spitzt sich zu, wenn wir das so formulieren können. Es dauert nicht mehr lange, da werden sich unsere Medien anders verhalten, verhalten müssen, um zu retten, was noch zu retten ist.

Dann werden sie hervortreten und Du wirst vielleicht erkennen, dass der Mensch, der neben Dir jahrelang gewohnt hat, ein Medium ist. Die Frau, die Du jeden Tag auf der Straße getroffen hast, wird von Dir als Medium wahrgenommen werden und das wird Dich überraschen.

Aber so wird es sein. Es sind schon viele unter Euch, die wir seit Jahren und Jahrzehnten, teilweise seit Jahrtausenden ausbilden, um für diesen Tag, dieses Zeitalter – ausreichend genug vorbereitet zu sein.

Es sind schwierige Zeiten. Aber nicht, weil Gott sie Euch schwierig gemacht hat, sondern weil viele von Euch meinen, ohne Gott leben zu können oder zu wollen. Wie kann ein Baum ohne Wurzeln leben? Wie kann die Erde ohne Sonne sein?

Erinnere Dich, erinnere Dich.

Erinnere Dich, wer Du bist und warum Du hier bist. Lausche tief in Dein Inneres und finde Dich und damit uns.

Erinnere Dich – erinnere Dich!

36. Schwingungen und Frequenzen

Immerdar werden sich weitere Chancen und Möglichkeiten ergeben. Es ist ein steter Fluss an Chancen und Möglichkeiten vorhanden.

Sicherlich kann es zu Verzögerungen kommen, wenn der Weg nicht klar ist, sich die unterschiedlichen Belange nicht vereinbaren lassen.

Das irdische Leben hat so viele Verwirrungen und Ablenkungen, dass es manchmal schwer ist, den rechten Weg zu sehen, zu finden oder auch diesen zu gehen.

Wir können Euch helfen, diesen Weg klarer zu erkennen.

Hierzu ist eine kontinuierliche Praxis erforderlich. Praxis bedeutet, dass Ihr Euch jeden Tag ganz bewusst auf uns einstimmt, ganz bewusst in den inneren Raum, die innere Stille geht, um uns zu treffen.

Unsere Schwingungsebenen lassen es nicht zu – es gibt Ausnahmen in Notsituationen – dass wir uns in Euren niedrigen Schwingungen der Erde, die dennoch immer höher und höher werden, zeigen und mitteilen können.

Diese niedrigen Energien sind für uns – normalerweise - nicht erreichbar, nicht mehr erreichbar und wir streben auch nicht danach, in diese Ebenen zurückzukehren.

Es gibt also – wenn Ihr so wollt – nur einen Weg, um mit uns zu kommunizieren.

Ihr dürft Eure Energien hochfahren und wir unsere etwas hinunter. Das Tempo ist ebenfalls unterschiedlich.

Ein Medium hat über viele Jahre gelernt, diese Energiesysteme anzugleichen.

Das ist das eigentliche Geschenk, was Euch ein Medium machen kann. Angleichung der Energien ermöglichen und damit letztendlich Kontakt.

Dennoch ist es jedem Menschen, jedem Wesen direkt möglich, mit uns zu kommunizieren, sofern die äußeren Bedingungen stimmen.

Und natürlich gibt es Menschen, von denen wir uns mehr angezogen fühlen als von anderen. Das soll aber niemanden verletzen oder kränken, es ist ein ganz natürlicher Prozess; auch wir haben Vorlieben und Grenzen und Beschränkungen.

Nur über den Kontakt sind Veränderungen zu erreichen.

Nur über den eigenen Kontakt sind Veränderungen zu erreichen.

Medien können helfen, Dich mit Dir selbst in Kontakt zu bringen. Das ist ihre eigentliche Aufgabe – die Aufgabe eines Mediums ist, Dir den Weg zu zeigen, uns zu erkennen.

Es ist nicht Aufgabe eines Mediums, Euch in eine Abhängigkeit zu führen, so dass Ihr ein Medium ständig und immer wieder und wieder besuchen müsst. Natürlich ist es schön, wenn sich ein regelmäßiger Kontakt aufbaut, auch, weil es einfach wohltuend ist, sich immer wieder im Austausch in der Gruppe zu treffen.

Dennoch – erkenne – Du bist selbst das Licht, selbst die Sonne, selbst die Helligkeit.

Erwarte nicht, dass ein anderes Licht Dich erhellt.

Erhelle Dich selbst, fühle Dein eigenes Licht und sende Dein Strahlen in die Welt, so wie auch wir unsere Strahlen an Dich und die Welt senden.

Keiner kann es wissen, wir sind das Licht und die Herrlichkeit, wir sind die Sonne und der Mond, die Gestirne und der Wind. Wir sind alle – Du auch – Gott. Gott ist in uns und wir in sind Gott. So ist die Wahrheit.

Vertraue uns, wie auch wir Dir vertrauen. Danke.

Gottes Segen für Dich und die Deinen.

37. Steine / 1

Steine – wir möchten heute über Steine sprechen. Steine sind Boten der Erde und Schöpfer der erdlichen Zufriedenheit.

Wir lieben Steine sehr, weil sie eine tiefe Verbindung mit der Erde herstellen und weil sie uns helfen können, die Erde und auch uns besser zu verstehen.

Viele Steine sind sehr alt, haben viele Jahre, Jahrhunderte, Jahrtausende gebraucht, bis sie diesen Zustand und diese Energien erreichen konnten, die sie heute haben.

In der Arbeit mit Steinen ist die Intuition eine ganze entscheidende. Nur im Gefühl wirst Du richtig wählen können – für Dich und für andere.

Nur im Gefühl wirst Du sicher wissen, welcher Stein der richtige ist.

Lass Dich nicht von Farben und Formen täuschen – einige Steine sind wunderschön und doch nicht zu gebrauchen, um heilende Arbeiten auszuüben. Andere sehen eher klein und schmächtig, schwach aus und sind doch wahre „Helden".

Ein Stein – jeder Stein muss Dich auf die eine oder andere Art und Weise berühren.

Wähle nur die Steine, die in Resonanz mit Dir treten. Nicht jeder Stein will und wird mir Dir arbeiten. Die aber, die in Resonanz mit Dir treten, werden Dir treulich dienen und Dich auf Deinem Weg unterstützen.

Die wichtigsten Heilsteine sind klar und hell, nicht dunkel oder gar trüb.

Die besten Heilsteine sind klar und hell, das Licht geht durch sie hindurch und es geht fast unverändert durch sie hindurch. Achte bei der Auswahl darauf.

Steine, die nicht durchsichtig sind, sind dennoch sehr gute Steine, können gute Steine sein, aber ihre Wirkungen sind mehr im körperlichen Bereich, denn im seelisch – psychischen. Das muss Dir klar sein, wenn Du Steine auswählst.

Die klaren Steine können auf allen Ebenen des menschlichen Seins wirken. Je weniger Licht ein Stein durchlässt, je mehr ein Stein von seinem eigenen Inneren abgibt, desto mehr wirkt er im Körperlichen.

Lausche den Steinen und lausche gut, denn sie reden mit Dir, wenn Du in ihrer Resonanz bist. Und sie werden Dir sagen, was sie für Dich und Euch und die Menschen, tun können oder – nicht tun können.

Steine sind gerne mit anderen Steinen zusammen – ermögliche ihnen das. Es gibt nur wenige Ausnahmen, die gerne ganz für sich und alleine sind, aber das sind nicht die Steine für Dich.

Immer sind dort Steine, die mir Dir reden, die Du dennoch nicht erwerben solltest, weil sie Dir nicht gut tun. Die einen von den anderen zu unterscheiden, ist manches Mal nicht so leicht.

Wir möchten Dir einen Hinweis geben.

Dein Herz weiß immer die Antwort.

Befrage nicht Deinen Kopf, wenn Du unsicher bist, befrage immer und nur Dein Herz. Und wenn Dein Herz „ja" sagt, dann nimm den Stein, wenn es „Nein" sagt, dann lass ihn liegen. Er wird einen anderen Menschen finden.

Du kannst nicht ermessen, wie glücklich wir sind, wenn Du Dich auf den Weg der Steine machst.

Sie werden Dir dienen und sie werden Dich bereichern und den Menschen viel Freude und auch viel Erleichterung spenden.

Immer sind wir an Deiner Seite und immer sind wir bei Dir.

Wir lieben Dich so sehr.

Danke, dass Du Dich auf den Weg machst und wir uns mit Dir.

Danke.

38. Basis für Kontakt

Letztlich ist alles in Gottes Hand und Ihr werdet das auch merken. Wenn Ihr es bemerkt, wird Euch auffallen, dass Ihr es eigentlich schon immer hättet sehen können, aber dass Ihr blind wart und voller Zweifel und Misstrauen.

Vertrauen ist eine grundlegende Basis, um mit uns in Kontakt zu treten und – um mit uns in Kontakt zu bleiben.

Wir sehen und wir hören Euch, sehen und fühlen Euch, jeden Eurer Gedanken, jede Eurer Taten, dennoch sind wir nicht da, um das Verhalten zu beurteilen oder gar zu bewerten. Wir werden aber auf Basis Deines Verhaltens unsere Entscheidungen treffen, weil auch wir diverse Aufgaben zu erfüllen haben. Und so suchen auch wir uns diejenigen Menschen aus, mit denen wir am besten arbeiten, am besten unsere Aufgaben erfüllen können.

Das scheint weitaus komplexer als es hier nun geschrieben ist, aber die Auswahl und der permanente Kontakt zu den von uns ausgewählten Menschen gelingt nicht immer oder kann nicht immer stabilisiert werden. Dann können wir uns auch zurückziehen. Es werden dann aber andere kommen, die andere Aufgaben haben - und sagen wir – wie auf einem anderen Level, auf einer anderen Ebene arbeiten.

Mittlerweile, momentan, in diesen Zeiten geht es jedoch darum, in ständigen Kontakt mit den Hochenergien zu kommen, um unsere Aufgaben zu erfüllen. Es stehen arge Zeiten an auf der Erde und wir sind da, um diese – nicht zu mildern, aber um Euch die Gelegenheit zu geben, die Aufgaben zu öffnen, Euer Herz zu öffnen und so selbst das Schlimmste, was bevorstehen kann, zu verhindern.

Wenn Ihr aber jetzt nicht hört, nicht seht, nicht fühlt, nicht in Eure Herzen schaut, so werden sich die Dinge auf eine Art und Weise zutragen, die jenseits unserer Vorstellungswelten sein wird, weil es ein Krieg der Egoisten und der gottfernen Wesen sein wird. Deshalb seid wachsam, hört auf Eure Herzen und vertraut. Vertraut, dass der eine Gott, die eine Göttin Dir Inspiration und Kraft sein können. Wenn Du nur wachsam bist und bereit bist, die Zeichen zu erkennen und diese umzusetzen.

Noch sind alle Chancen offen, aber nicht mehr lange. Das sagen wir nicht, um Dich zu ängstigen, sondern weil es einfach die Wahrheit ist und Du nun besonders wachsam und aufmerksam sein musst.

Gott sei mit Dir.

39. Schatten und Licht

Es ist nicht immer so, dass wir darauf vertrauen oder darauf hoffen, Euch regelmäßig zu treffen. Das wäre schön, aber wir anerkennen, dass die heutige Welt nicht mehr diese Möglichkeiten für uns und auch nicht für Euch bietet.

Dennoch ist ein regelmäßiger Kontakt unerlässlich, um mit Euch zu kommunizieren und für Euch ist es unerlässlich, eine bestimmte Schwingung zu erreichen, damit ein Kontakt möglich ist.

Dieser Kontakt kann vielschichtig sein und wir anerkennen Eure schnelle und hektische Welt. Viele kleine Momente sind dazu geeignet, um uns zu spüren. Auch wir haben uns so verändert, dass wir auch in kurzen Kontakten zu Euch kommen und uns mit Euch austauschen können.

In früheren Jahren waren Stunden damit zugebracht, um mit Euch zu sprechen. Heute ist das nur noch bei den wenigsten so und wir anerkennen diese Entwicklung der Welt.

Daher suchen wir Möglichkeiten, Euch anders zu begegnen – in Euren Träumen, in Euren Spaziergängen, in Euren Büchern. Wir suchen die Möglichkeiten, um Euch zu begegnen.

Bitte sucht auch Ihr die Möglichkeiten, um uns zu begegnen.

Wir sind das Licht und die Sonne, die Weisheit und die Kraft, und wir suchen Dich, um mit Dir zu kommunizieren.

Sei Dir gewiss, dass wir immer an Deiner Seite sind und wir immer versuchen, mit Dir zu kommunizieren und wir immer versuchen, Dich auf den Weg Deiner Seele zu bringen.

Sei´ Dir sicher, dass wir niemanden so und nichts so sehr lieben wie Dich. Wir lieben Dich.

Wir sprechen gerne mit Euch, wir reden gerne mit Euch, wir schwingen gerne mit Euch. Noch schöner allerdings ist es, wenn Ihr auch mit uns redet, wenn Ihr mit uns kommuniziert, wenn wir Dir helfen dürfen. Aktiv und liebevoll.

Du fragtest nach Heilung für Dich und wir möchten Dir helfen, Heilung für Dich zu erfahren.

Heilung bedeutet ein reines, ein klares, ein inneres Licht zu sein und in Dir zu haben.

Gegen Schatten hilft immer das Licht und unser Licht ist rein und klar und kann Dir helfen, die eigenen Schatten zu finden und diese mit Licht aufzulösen und zurück in die Freude zu bringen.

Arbeite mit dem Licht, arbeite mit den Lichtwesen, den kleinsten Teilen des Lichts – das Bewusstsein des Lichts kann Dir helfen, zu erkennen, welche Eigenschaften der Schatten, die Schatten haben, damit Du mit dem Licht lernst, die Schatten aufzulösen.

Schatten sind immer eigene Entscheidungen, die Ihr aus Unwissenheit oder Angst oder beidem erschaffen habt. Ihr erschafft Euch Eure eigenen Schatten – es ist wichtig, das zu verstehen.

Schatten werden von Euch erschaffen oder von Euren Ahnen. Schatten sind eigene Entscheidungen und daher können auch nur eigene Entscheidungen sie wieder auflösen.

Eine eigene Entscheidung setzt einen klaren Willen voraus und eine klare Haltung. Wir stellen oft fest, dass Menschen Furcht davor haben, einen eigenen Schatten oder den Schatten eines Ahnen aufzulösen. Wir verstehen nicht, warum das so ist.

Vom Schatten ins Licht zu kommen, kann doch nur heilsam und wunderbar sein, aber viele Menschen fürchten sich davor, den Schatten aufzulösen.

Er ist ihnen so vertraut, dass sie Furcht davor haben, was nach dem Schatten kommt – etwas Unvertrautes und damit erneut Angst machendes.

Ein Schatten ist nichts anderes als dunkles Licht, wenig Licht, kleines Licht; so wenig Licht, dass Du es nicht mehr wahrnehmen kannst. Aber wir – wir sehen auch in jedem Schatten das Licht und sei es auch noch so klein. Schatten ohne Licht in sich – das gibt es nicht.

Und so ist eine Möglichkeit, einen Schatten aufzulösen, das Licht im Schatten zu finden und dieses dann von innen her aufzulösen, zu erhellen.

Und so sei Dir gewiss – hinter dem Schatten liegt das Licht und es wartet darauf, mit Dir Dein Leben zu teilen.

Und der Schatten wird Dir dankbar sein, dass er diese Erfahrung machen konnte und nun auch – wieder – zum Licht werden kann.

Nimm wahr – in jedem Schatten ist das Licht vorhanden – nur sehr schwach, sehr klein, manchmal für Dich und Euch auch gar nicht mehr zu erkennen. Aber das Licht ist in jedem Schatten und es wartet nur darauf, von Dir wieder entdeckt und zum Leben erweckt zu werden.

Sei lichtvoll, sei klar, vertraue auf das Licht und das Bewusstsein des Göttlichen in allem und gehe Deinen lichtvollen klaren Weg.

Gottes Segen für Dich und die Deinen.

40. Jeder einzelne Tag

Die Abenddämmerungen sind besondere Stunden; besondere Stunden, weil ein Tag für immer geht und eine neue Nacht sich vorbereitet zu erwachen.

Ein Tag der geht, geht für immer. Es gibt für ihn nur diese eine Chance, sein Tagwerk zu vollbringen. Manche Tage fließen vorbei, sie fließen dahin, die Zeit vergeht und manches Mal fühlen wir, dass es kein guter Tag für Euch war, kein erfreulicher Tag, kein Tag, an dem Ihr das Gefühl hattet, bei Euch zu sein oder etwas zu erbringen für die Erde und für ihre Bewohner.

Jeder Tag ist kostbar, jeder Tag ist einzigartig. Verschwende keinen Tag – auch dann nicht, wenn es Dir manchmal schwer fällt.

Füge Rituale in Deinen Tag ein, damit Du jedem Tag, der neu beginnt mit Freude entgegentreten kannst und jedem Tag, der geht, Deine Dankbarkeit und Deinen Segen senden kannst.

Rituale sind so wichtig und – so vergessen von Euch. Dabei habt Ihr eine Vielzahl von Ritualen, diese dienen jedoch nicht dem Kontakt mit uns.

Wie oft berühren Deine Finger jeden Tag, jede Stunde technische Geräte? Wie viel Zeit verbringst Du damit, Nachrichten zu schreiben?

Und wie viel Zeit verbringst Du jeden Tag damit, mit uns in Kontakt zu treten?

Wir wissen um die heutigen modernen Zeiten und wir möchten Euch nicht raten, nicht einmal empfehlen, Euch aus allem rauszuhalten. Das Leben auf der Erde will gelebt werden. Das war zu allen Zeiten so, dennoch empfinden wir es heutzutage als besonders schwierig, zu Euch durchzudringen.

Rituale sind eine gute Gelegenheit, um – wieder – Kontakte zu knüpfen. Ein Gedanke kann kraft- und machtvoll sein; er kann weit fliegen und viel erreichen.

Ein Gedanke kann voller Liebes- und Segensenergie sein und Dich und andere nähren und begleiten.

Bitte versuche es; versuche mit uns – wieder – in Kontakt zu treten.

41. Über das Leid und die Sonne

Im Leiden liegt Kraft. Im Leiden liegt die Fähigkeit, über das möglich scheinende hinauszuwachsen. Gehört das Leiden aber deshalb zum Leben? Ja.

Nicht, weil Leid gewollt ist, sondern weil es möglich ist, über sich hinauszuwachsen, über das hinauszuwachsen, was möglich erscheint.

In der Ruhe des Vergessens und Erlebens liegt die wahre Erkenntnis. In der Ruhe und Erkenntnis des Seins liegt die wahre Erkenntnis.

Nichts ist weniger, nichts ist mehr. Es ist alles eine Frage der Betrachtung und eine Frage der Bewertung. Bewertungen jedoch erzeugen das Leid. Das echte Leid ist ein Leid der Bewertungen und nicht so sehr ein physisches Leid, ein körperliches Leiden.

Bewertungen erzeugen Leid, viel Leid. Bewertungen sind auch Motoren, die Euch antreiben, mehr und mehr von etwas zu tun oder zu sein. Jedoch – das Sein ist das wahre Glück. Das Sein ist das wahre Leben, das wahre Erleben.

Hältst Du Dich viel damit auf, andere oder anderes zu bewerten? Gestattest Du, dass Dich andere bewerten, vielleicht sogar abwerten?

Beende das! Beende Deine eigenen Bewertungen und beende, dass andere Bewertungen Dich und Dein Inneres erreichen. Mache Bewertungen von anderen nicht zu Deinem Problem. Bleib´ bei Dir und Deinen Grundsätzen, die getragen sind von Liebe und Licht, Freude und Treue zu Deinen Wurzeln.

Treue zu Deinen Wurzeln ist mit das Wichtigste. Wer bist Du? Wer warst Du? Wer wirst Du wieder sein?

Deine Wurzeln sind das Wichtigste an Dir und Deinem Leben. Mag der Ast auch fallen, die Blüte zum Boden gleiten, Deine Wurzeln sind das Wichtigste an Dir und Deinem Leben. Nutze jede Möglichkeit, Dir Deiner Wurzeln bewusst zu werden, diese zu finden und zu achten.

Pflege Deine Wurzeln, sorge dafür, dass sie tief verwurzelt sind, tief verbunden sind mit Mutter Erde, tief verbunden sind mit unserem Heimatplaneten. Nur mit starken und festen Wurzeln kannst Du das Göttliche wirklich erreichen. Nur mit festen und starken Wurzeln bleibst Du Erdling und bist doch ganz im Göttlichen.

Strebe danach, Deine Wurzeln tief in die Erde wachsen zu lassen und Deine Gefühle hoch zu erheben, hoch zum Göttlichen, zum Geistigen, zum Liebevollen.

Und sei dankbar. Sei dankbar jeden Tag für das, was Du hast, was Du bist, warst und sein wirst. Sei dankbar.

Erde ist Glück und Sicherheit. Der Himmel ist pure Freude, pures Licht, pure Liebe. Sei beides und Du wirst in diesem Leben viel bewegen und erreichen können. Sei beides. Das ist kein Widerspruch, sondern ein liebgemeinter Hinweis. Sei beides und sei beides ganz. Nur so können „Wunder" geschehen. Sei beides und vollende Deine Lebensaufgabe.

42. Die Kunst

Mit der Kunst suchen wir eine Form der Vereinigung mit Euch. Eine Form des Kontaktes. Viele Künstler sind unsere Wandler, unsere Medien, sie zeigen einen Teil unserer Wirklichkeit, damit Ihr diese Wirklichkeit für Euch sehen und entdecken könnt.

Die meisten „unserer Künstler" sind in Kontakt mit den Künstlern in der geistigen Welt und arbeiten gemeinsam. Einige bewusst, andere unbewusst.

In der Parallelität der Welten erscheint unsere Kunstform surreal, in unseren Welten ist die Surrealität eine Form der Existenz. Es gibt nichts, was es nicht gibt und nichts, was nicht sein darf. Und dennoch – die Schönheit unserer Welten ist in keinem der irdischen Kunstwerke zu bannen, einzufangen.

In unseren Welten existieren Farben, die Ihr Euch nicht annähernd vorstellen könnt. In unseren Welten existieren Dimensionen der Kunst, die für Euch unvorstellbar scheinen.

Und gleichwohl möchten wir mit Euch teilen, möchten Euch teilhaben lassen, an Schönheiten und Erfahrungen, die jenseits Eurer Vorstellungswelten liegen.

Klingt das bizarr und eigenartig für Euch?

Wir sind daran interessiert, unsere Welt zu teilen, damit Ihr Eure Welt zu einem besseren Ort machen könnt. Es liegt an Euch, diese Welt zu einem besseren Ort zu machen. Es liegt in Eurer Hand. Wir unterstützen und versuchen immer wieder, Euch über Medien und Wandler zu erreichen, damit Ihr lernt und erwacht.

Das Erwachen ist der zentrale Baustein, der Schlüssel, die Richtung, in die es geht – für jeden von Euch – ohne Ausnahme. Wer nicht aufwacht, kann nicht sehen, kann nicht gehen, kann nichts bewirken, was der Welt wirklich hilft.

Wirkliche Hilfe für Mutter Erde ist nur dann möglich, wenn die Menschen erwachen – so wie die Tiere schon längst erwacht sind, die Pflanzen schon längst erwacht sind.

Ihr haltet Euch für die Krone der Schöpfung, jedoch – die Steine, die Kristalle, die Pflanzen, die Tiere sind um so vieles mehr erwacht als Ihr. Wir wünschen Euch, dass Ihr das seht und von Eurem hohen Fels herabsteigt und erkennt, wer die wahren Auferweckten sind und wo sie zu finden sind.

Ein Bild kann wie ein Weg sein, ein Bild kann wie „Fern-sehen" sein, einen Einblick geben, eine Möglichkeit eröffnen, sich selbst zu erkennen, sich zu erinnern.

43. Die kommenden Jahre

Die kommenden Jahre werden eingehen in die Geschichte als die Jahre der Veränderung, die Jahre der Wandlung.

In der Rückblende werdet Ihr Eure Fehler erkennen und Ihr werdet sehen, wie es heute – in einigen Jahren – anders geworden ist.

Dazu muss vieles gehen, ganz und für immer gehen und anderes muss kommen, ganz und für immer kommen – einiges muss auch wieder kommen.

Mutter Erde hat Dir Grenzen aufgezeigt, hat Euch Grenzen aufgezeigt. Und diese Grenzen waren lange, lange, lange und langmütig nach hinten geschoben. Die Duldsamkeit der Erde ist bemerkenswert.

Und doch – so werdet Ihr Euch erinnern an die Zeit vor diesen kommenden Jahren und es wird Euch dunkel und düster erscheinen.

Im fortgesetzten Konsum liegt kein Segen, kein Heil. Das einzige Heil, der einzige Segen ist in Dir und in Deinen Verbindungen zu uns.

So vieles wird sich ändern, so vieles wird neu sein.

Für uns ist es auch eine Zeit der Änderung, eine Zeit der Anpassung.

Wir versuchen aktuell, Euch sehr intensiv zu unterstützen, Euch mitzuteilen, wo es für Dich und Euch hingehen kann, welche Möglichkeiten in dieser Krise liegen.

Schaut auf die Vögel im Himmel, auf die Tiere des Waldes, des Meeres. Siehst Du die Veränderung?

Die Veränderung der Natur geht so schnell so rasch – es ist nicht erforderlich, Monate zu warten. Es ist einfach so geschehen, weil das Leben, was Du vorher geführt hast, sich nun so sehr verändert hat.

Natur vergibt schnell und wie ist das bei Dir?

Was brauchst Du wirklich im Leben?

Was braucht Dein Nachbar wirklich im Leben?

Und wer definiert das?

Wir können es Euch nicht sagen – der freie Wille wurde Euch gegeben, damit Ihr selbst entscheidet, selbst vorangeht.

Es ist oft schmerzlich, dass Ihr das immer dann vergesst, wenn Euch der freie Wille in Schwierigkeiten gebracht hat. Dann ruft Ihr nach uns, nach dem Einen, dann spüren wir Eure Enttäuschung. „Wenn es Gott gibt, warum lässt der das dann zu?", ruft Ihr und Ihr seid enttäuscht und verzweifelt.

Der freie Wille jedoch wurde Euch gegeben, damit Ihr ihn benutzt – in alle Richtungen.

Und nun – wohin hat Euch der freie Wille gebracht. Einige von Euch?

Der freie Wille wurde Euch gegeben, um die Liebe zu leben, um füreinander und miteinander da zu sein, um zu lernen, gemeinsam zu wachsen, um Gutes für die Erde, diesen Planten zu gestalten. In diesem Punkt irrten wir. In diesem Punkt waren wir vielleicht auch zu optimistisch?

Es ist an Euch, den freien Willen nun einzusetzen, um Euch zu erinnern – an Eure Basis, an Euer Zuhause, an die Heimat, aus der Ihr kommt.

Die Hölle gibt es nicht – jedoch die Fragen, warum Du Dich auf der Erde so und nicht anders verhalten, warum Du so und nicht anders entschieden hast.

Und so steht am Ende Deines Erdentages nicht eine Schuld, eine Scham oder gar die Hölle, sondern nur Deine eigene Fähigkeit oder Unfähigkeit zu lieben.

In der Liebe liegt die Lösung all Eurer Probleme.

In der Liebe sind Wahrheit und Freude.

In der Liebe findest Du all Deine Antworten.

Wir segnen Dich.

44. Über die Weltenmutter

Die Weltenmutter ist älter als alles, was Ihr kennt. Älter, als alles, was Ihr mit Euren wissenschaftlichen Methoden nachweisen könntet. Sie ist das All, die Weite, die Nähe, die Größe. Sie kann jede beliebige Gestalt annehmen, um sich Dir mitzuteilen.

Sie ist in allem auf diesem Planeten und der ganze Planet ist in ihr.

Erscheint Dir das unvorstellbar und bizarr?

Nun, uns erscheint es unvorstellbar und bizarr, was Ihr mit diesem Planeten macht. Wir können das nicht verstehen.

Die Zugrunderichtung eines ganzen Lebensraumes – wozu soll das gut sein?

Eigentlich ist es doch ganz einfach - schütze das, was Dich am Leben erhält. Reinige das, was zu reinigen ist. Nimm nur das, was Du brauchst.

Die alten Völker zeigen Dir, wie es geht. Sie nehmen nur das, was sie wirklich brauchen von der Natur. Und sie sind dankbar für das, was sie bekommen. Gleich ob Pflanze, Tier, Wasser, die Elemente.

Wann hast Du zum letzten Mal aus ganzem Herzen „Danke" für das gesagt, was Dir die Erde schenkt?

„Danke" hat eine starke Kraft, eine transformierende Kraft, eine gebende Kraft.

Im Dank liegt die Grundlage allen Lebens, allen Miteinanders.

Nur, wenn Du dankst, wirst Du bekommen. Nur, wenn Du teilst, wird Dir gegeben. Nur, wenn Du das Übermaß vermeidest, hast Du alles.

Die Weltenmutter lehrt Dich, auf Deine Grundbedürfnisse zu schauen und diese zu befriedigen.

Die Grundbedürfnisse sind in der Natur zu finden – nur in der Natur.

Die Natur hält alles für Dich bereit, was Du benötigst. Luft zum Atmen, Wasser zum Trinken, Wärme und Kälte, Nahrung.

Setze Deine Intelligenz ein, um zu erkennen, was Deine Grundbedürfnisse sind, und beginne damit, diese zu befriedigen. Im Einklang mit der Natur, im Dienst der Natur.

Schau´ in den Himmel und erfreue Dich an den Vögeln dieser Welt. Schaue auf die Erde und erfreue Dich an den Tieren und Pflanzen dieser Welt.

Wenn Du in die Freude gehst, wirst Du beginnen, das wirklich zu schützen, was Dir Mutter Erde bietet.

Glaubt Ihr wirklich, Ihr könntet ohne Wale und Delphine leben? Glaubt Ihr das wirklich?

Gerade Delphine und Wale haben eine so besondere Aufgabe im gesamten Erdsystem – wie alle Tiere und Pflanzen übrigens – jedoch die Delphine und Wale, die Elefanten nochmal ganz besonders.

Wir mögen keine Ein-Kategorisierungen und doch gibt es sie. Auch in unserer Welt.

Es geht nicht um Wichtigkeit, sondern um die Fähigkeit, Dinge zu verändern, Dinge zu lösen, zu lieben.

Es geht immer um die Liebe.

Delphine und Wale, Elefanten haben eine so große Fähigkeit zu lieben, zu dienen. Ihr könntet so viel von ihnen lernen.

Die Bäume – unsere stehenden Geschwister – könnten Dich so gut unterrichten, wenn Du ihnen nur lauschen würdest.

Hinhören ist eine gute Übung, um zu starten. Hinhören auf Dich und Deinen Rhythmus. Hinhören auf den Rhythmus der Natur.

Wir sind alle Geschöpfe der Erde, alle.

Wenn Du heute in den Wald gehst, so suche Dir einen Platz, an dem Du bleiben kannst. Für eine kleine Weile – still. Und dann lausche, atme, rieche. Lehne Dich an einen Baum, der Dir gefällt und lausche den Klängen und dem Rhythmus der Natur. Diese kleine Übung kann Dein Leben für immer verändern.

Wir lieben Dich sehr.

45. Steine / 2

Die Steine der Erde erzählen Dir Geschichten – sofern Du sie hören möchtest.

Die Steine der Erde berichten Dir von ihren Erlebnissen und Erfahrungen – sofern Du ihnen lauschen möchtest.

Die Steine der Erde sind in Deinen Händen, um sich mit Dir zu unterhalten.

Es braucht ein wenig Übung – sicherlich.

Jedoch ist es keine unmögliche Übung, sich mit den Steinen der Erde zu verbinden.

Es ist schön, wenn Du Steine in Deinem Haushalt, Deiner direkten Umgebung hast, es ist jedoch nicht erforderlich, dass sie direkt bei Dir sind. Verbindungen können ohne direkten Kontakt erschaffen werden.

Auch hierzu braucht es etwas Übung – sicherlich – es ist jedoch nicht unmöglich.

Du kannst Dich mit den Steinen, den Elementen, den Kristallen der Erde jeden Tag verbinden, sie fühlen, ihre Kraft in Dir aufnehmen, ihnen lauschen, Dich mit ihnen intensiv verbinden.

Es gibt Steine, die haben in ihrem bisherigen Leben viel Druck ausgehalten, haben viele verschiedene Schichten der Erde durchwandert. In ihnen sind viele Erfahrungen gespeichert.

Es gibt Steine, die lange und tief in der Erde verborgen gewesen sind und andere, die schon lange an der Oberfläche liegen.

Jeder hat seine eigene Geschichte, sein eigenes Erleben und jede Geschichte ist es wert, von Dir wahrgenommen zu werden.

Es sind nicht nur die Schmucksteine, die Kristalle, die Ihr an Ring und Finger tragt, die Geschichten haben.

Oft ist es sogar so, dass gerade diese wenig zu berichten haben.

Das hängt oft damit zusammen, dass diese Steine bearbeitet wurden, damit sie in einen Ring oder in ein Schmuckstück eingelassen werden können. Und oft werden bei diesen Arbeiten die Kräfte der Steine verändert – ja, sogar teilweise oder ganz zerstört.

Auch geht Ihr oft an jenen achtlos vorbei, die das Spannendste, das Aufregendste für Dich zu berichten haben.

Andererseits gibt es Steine, die still sind, ruhig, fast träge. Es hängt immer vom jeweiligen Level ab, ob und was Du hören kannst.

So sind Kristalle meistens gesprächiger als Basalt, und klare Steine durchlässiger als in sich gefaltete Steine.

Das ist jedoch kein Qualitätsmerkmal, sondern einfach ein Fakt.

Die in sich gefalteten, in sich gebrochenen Steine sind oftmals die besten Geschichtenerzähler.

Wenn Du in Deinem Haushalt Steine besitzt, so sorge dafür, dass diese nicht in irgendwelchen Kisten liegen, sondern gib´ ihnen die Gelegenheit für Licht und Sonne, für Wasser und für Erde.

Steine sind gerne Gefährten, sie nehmen gerne auf ihre Weise an Deinem Leben teil, und wenn Du lernst, ihnen zu lauschen, dann wirst Du überrascht sein, was sie zu erzählen haben.

Nicht jeder Stein jedoch passt zu jedem Menschen.

Die energetischen Level sind sehr, sehr verschieden und - gerade, wenn Du Steine in der Hand hast – kannst Du spüren, wie unterschiedlich sie sind.

Die einen magst Du gar nicht, die anderen willst Du nicht mehr loslassen.

Steine sind Gemeinschaft gewohnt, also sorge dafür, dass sie in Gemeinschaft sind und bleiben.

Lausche den Steinen – das ist unsere heutige Botschaft für Dich.

Liebe ist die Antwort

Zeitfracht Medien GmbH
Ferdinand-Jühlke-Straße 7
99095 Erfurt, Deutschland
produktsicherheit@kolibri360.de